数智赋能
+
技术应用
+
业务重塑
+
组织变革

数字化流程管理

高俊广 著

 化学工业出版社

·北京·

内容简介

数字化流程管理融合了人工智能、大数据、RPA（机器人流程自动化）、IPA（智能流程自动化）等新一代数字化技术，能够在业务流程全生命周期的管理中发挥作用，帮助企业实现全流程、全方位、自动化的实时监控和分析，并为企业掌握业务流程管理相关信息和实施决策提供支撑，同时还能帮助企业有效规避风险，强化业务流程性能。

本书立足于当前企业流程管理的体系框架，全面阐述流程管理的规划、设计、实施与优化等工具与方法，随后分别从数智赋能、技术应用、业务重塑、流程型组织、变革实践5大维度，深度剖析企业数字化流程管理的模式变革与实践路径，深度剖析人工智能、大数据、云计算、RPA、IPA等数字技术与工具在企业流程管理领域的应用场景，对企业数字化转型具有较强的实践指导价值。

图书在版编目（CIP）数据

数字化流程管理：数智赋能+技术应用+业务重塑+组织变革 / 高俊广著. -- 北京：化学工业出版社，2024.10（2025.6重印）. -- ISBN 978-7-122-46171-1

Ⅰ. F272.7

中国国家版本馆CIP数据核字第202473231M号

责任编辑：夏明慧　　　　版式设计：溢思视觉设计／程超
责任校对：王鹏飞　　　　封面设计：卓义云天

出版发行：化学工业出版社
　　　　（北京市东城区青年湖南街13号　邮政编码100011）
印　　装：大厂回族自治县聚鑫印刷有限责任公司
710mm×1000mm　1/16　印张14　字数212千字
2025年6月北京第1版第2次印刷

购书咨询：010-64518888　　　售后服务：010-64518899
网　　址：http://www.cip.com.cn
凡购买本书，如有缺损质量问题，本社销售中心负责调换。

定　　价：69.00元　　　　　　　　版权所有　违者必究

前言

《连线》（*Wired*）杂志创始主编、被看作是"互联网教父"的凯文·凯利（Kevin Kelly）认为："我们处在一个液态的世界，所有的东西都在不断地流动，不断升级。"

在企业管理领域深耕多年，我也常常惊叹于企业管理理论与模式变化之快。尤其进入移动互联网时代之后，数字化技术的发展更可谓日新月异，大数据、物联网、人工智能、元宇宙、数字孪生等概念层出不穷，传统的管理理论显然已经难以适应企业发展的需要。数智赋能、技术应用、业务重塑、流程型组织、变革实践，成为企业管理的新命题。而这些命题最终可以归纳为一个核心，即企业流程的数字化再造。

由于笔者多年来一直从事国内的天使投资工作，同时兼任北京前沿科学技术研究院院长、山东省中小企业协会副会长、山东省中小企业科技创新专委会会长等职务，这些年我参与咨询、评审以及管理的企业不下百家，但是在这些企业中真正重视流程的价值、将流程作为必备管理要素，并进行系统化流程管理的企业少之又少。在法国IPAG高等商学院攻读EMBA以及在俄罗斯科学院攻读数字经济学博士学位期间，我接触了大量全球优秀企业的管理案例，意识到：将绝大部分精力和资源聚焦于产品而忽视管理，可能是我国企业竞争力不足的主要原因之一。

在企业的流程管理中，虽然方法论和技术十分重要，但对于流程重要性的认识更能起到决定性的作用。如果用房屋作为类比，其建造过程首先需要打好框架结构，然后才能施工，框架结构越合理，房屋便能够建得越高、越坚固。如果不打好框架结构直接砌墙、粉刷，那么即使最后能建设成功，房屋的抗风险能力也不够理想。而在企业管理中，流程就是框架，是企业管理的基础。如果企业先抓住流程这个"纲"，打好框架结构，那么企业的绩效、组织都将有所依附，企业运营也会更加健康持久。相反，如果企业忽视流程管理，那么在经历了前期快速扩张阶段后，流程管理问题也将会逐渐凸显，比如流程规划不够全面、流程开发和运维成本高、组织之间难以实现信息共享、数据价值无法有效发挥等。这些问题会导致企业运营效率低下、运行成本过高，最终难以获得竞争优势。

企业流程本质上是以某一目标为导向的，按照相关逻辑顺序推进活动，由于这些活动存在一定的复杂性和重复性，往往需要多个主体同时进行、协同合作，并整合各种投入要素实现目标。在传统的流程管理中，由于组织结构、信息传递等方面的影响，常常会出现信息严重延迟、业务频繁出错等情况。流程作为企业管理的底层技术，必然也应适应数字化时代的特点进行变革。随着企业的数字化转型，企业流程也应该更透明、更高效。人工智能、大数据、云计算等技术的发展，使得"数字化赋能"拓展至企业经营中，数字化技术与流程管理的深度融合，将项目审批、部门沟通、审查监督等流程活动转移到线上平台，改变了企业原有运营模式，实现了流程运行方式的数字化转型，大幅提高了工作效率，为企业战略目标的实现提供了有力保障。可见，数字化流程与传统流程的不同之处在于，信息化、自动化和智能化程度是前者的主要衡量标准，这与现代各类数字化技术是紧密相连的。

20世纪90年代最杰出的管理学家之一迈克尔·哈默（Michael Hammer）曾提出，流程不应隐藏于组织背后，而应显现出来。实际上，流程才是企业实现价值、达成战略的优先路径。几年前，我曾经为一家企业提供流程管理咨询服务。这是一家初创企业，虽然所处的行业前景看似不错，但企业成立后的发展却不尽如人意。因此，创始人专门高薪聘请一家知名的人力资源管理咨询公司入驻，期望优化企业的组织结构、提高企业的管理水平，但最终效果并不理想。通过分析企业的整体情况，我为其量身定制了一套流程再造体系，在后续的实践中也取得了不错的成效。实际上，该案例企业的改造思路在我所接触的企业中并不少见，由于缺乏企业管理经验，企业的管理者往往倾向于在遇到问题后，"头痛医头，脚痛医脚"。

多年来，我在企业商业模式创新、IT战略规划、组织架构变革、治理体系设计等领域积累了丰富的实战经验，也越来越深刻地意识到国内企业对于流程的关注度普遍不够，在企业数字化转型的过程中更是忽视了流程的数字化。因此，在《数字化流程管理：数智赋能+技术应用+业务重塑+组织变革》一书中，我梳理了流程管理的体系框架，列举了多家企业的实践案例，并给出了简明易用的步骤与工具，希望能够帮助企业管理者挖掘突破机会和增长空间。对于处于数字化转型中的企业来说，流程数字化再造的方向和方法基本都能从本书中找到，但对于所处行业不同、规模大小不同、组织结构不同的企业，当然也应具体问题具体分析。流程本质上是企业价值创造的承载体，数字化流程无疑有助于提高管理效率、降低运营成本、推动组织变革、提升企业效益，真正使企业实现高质量发展。

对任何企业的管理者而言，流程都不是一个陌生的概念。在零售等传统行业，由于市场竞争日益激烈，很多企业将运营的重点聚焦于业务流程的构建。对互联网行业而言，在野蛮生长时期，企业即使不从流程入手精耕细作可能也会取得比较理想的效益，但随着互联网行业的蓝海市场越来越少、流量越来越稀缺，企业也不得不重视业务流程，力图通过精细化管理实现降本增效。

企业的业务不断被全面、细致的流程所覆盖，仿佛已经成为大势所趋，也是企业获得可持续发展的必经道路。但是，与此同时，越来越多企业的管理者也意识到：企业构建流程的过程并不是一帆风顺的，会面临诸多困难和挑战；流程构建完成并不意味着万事大吉，企业在发展，与企业运营密切相关的流程也需要不断调整和优化。

那么，企业在构建流程的过程主要会面临哪些问题呢？通过对大量企业案例进行分析可以发现，企业面临的问题和挑战主要表现在三个方面：其一，企业陷入"流程万能"的误区，倾向于拿流程应对一切问题，最终导致流程过剩，给企业运营造成巨大负担；其二，在以往的职能型组织中，企业倾向于从业务领域和职能部门的维度划分流程，因此不同的部门或系统"各自为政"，流程的价值难以充分发挥；其三，企业的不同部门或系统为了完成各自的流程而争夺话语权，甚至不惜伤害企业整体的利益。总的来说，流程如果成为权力和利益的载体，那么必然将企业拖入内耗的"黑洞"。

进入数字化时代后，企业的管理者均希望依托数字化转型推动企业的高质量发展。但随着数字化转型逐渐深入，单纯购买某项先进技术已经无法满足企业深层次的转型需要。无论是立足于经济社会发展形势，还是企业自我突破的需要，企业均需要重视数字化流程的打造。

现任华为董事、质量流程IT总裁的陶景文曾说过这样一句话："任何不涉及流程重构的数字化转型，都是在装样子。"可能不少已经在数字化转型方面做过尝试的企业管理者都有同感。

在企业管理领域，流程指的是什么呢？概括来说，流程就是所有端到端为客户创造价值的活动的连接和集合。企业要创造价值，就需要创造出能够满足客户需求的产品及服务，而与企业完成价值创造的业务活动相匹配的流程即是优秀的流程。对流程进行细分可以发现流程主要包含以下基本要素：其一是客户，流程的核心应该是客户，流程需要为了满足客户的需要而存在；其二是价值，流程的输出是有价值的，即让客户有所获得；其三是输入和输出，也即流程的起点和终点，其中起点为客户的需求，终点是客户获得的价值；其四是正确的行为，流程中所有相关个体的行为均应该有目的、有产出。

由此不难看出，流程本质上是企业价值创造的承载体，企业的数字化转型必须重视流程的数字化。但一直以来，国内的企业对于流程的关注度不够，并没有真正意识到打造一个端到端的囊括企业所有运营活动的数字化流程不仅可以发挥数据的价值、应用先进技术、重塑企业业务，还有助于推动组织变革，真正使企业实现高质量发展。

《数字化流程管理：数智赋能＋技术应用＋业务重塑＋组织变革》是一本真正围绕流程数字化转型而展开的体系化的方法论，主要内容包括六大章节：

- 第1章：流程管理篇。企业的经营管理是建立在一系列业务流程之上的，流程体系框架正如一张流程地图，可以清晰地描述出企业业务的运行方式。流程体系框架是推动企业创造价值的流程链和流程活动的体现，与流程体系框架相对应的是完整的流程清单。业务流程是企业商业模式的直接体现，而流程管理是企业取得商业成果的重要方法，提高流程管理水平，使业务流程更加规范化、更加公正透明，有助于增强企业的竞争优势。

- 第2章：数智赋能篇。随着人工智能、大数据、云计算等技术的发展，"数字化赋能"逐渐向社会经济生活的多个领域拓展。在企业经营方面，企业可以将数字化技术引入业务流程管理中，将项目审批、审查监督等流程转移到线上平台，改变企业原有运营模式，实现流程运行方式的数字化转型，为企业战略目标的实现提供有力保障。

- 第3章：技术应用篇。随着IPA技术在认知学习方面的能力不断提高，数据感知功能和数据汇总功能也将不断升级，进而为企业的数字化转型提供智能化程度更高的数据模型、自主化程度更高的平台服务，提高企业在数据融合、决策制定、决策发布等方面的智能化水平，为各行各业的企业实现智能化转型提供助力。

- 第4章：业务重塑篇。从本质上看，企业的数字化转型就是以重构价值链的方式对管理体系进行数字化革新并实现业务转型。企业在数字化转型的过程中需要实现业务流程化和流程数字化。许多企业在数字化转型的过程中会在部门层面对业务流程进行梳理和优化，但由于这些企业未对整个业务流程进行全面优化，经过优化的业务流程仍旧难以满足企业在管理方面的需求。对企业来说，若要实现流程的数字化转型，就必须全面梳理各项业务，不断提高业务流程所能创造的商业价值。

- 第5章：流程型组织。流程治理体系是一种以帮助企业内部人员理解和应用流程管理方法及成果为目的的机制。流程治理能够为组织实现流程目标提供交流协调方面的指导和资源，帮助组织明确业务流程运作的方法和规范。简单来说，流程治理就是用来对"流程管理"进行管理的手段。
- 第6章：变革实践。现阶段，我国大多数企业都已经对流程有了一定了解，部分企业还积极开展业务流程重组和业务流程优化工作，力图通过对流程的优化为企业发展提供助力。而流程和制度的落地实施，还需要明确相关标准，提高流程的规范化程度。对企业来说，既要加大对流程和制度落地的支持力度，也要为流程和制度在实际工作中的应用提供信息系统等辅助工具，确保流程规范化改革效果的可持续性。

近几年，一大批数智化工具和平台不断涌现，正处于数字化转型阵痛中的企业只有先"武装"起真正掌舵的业务团队，才能带动整体的数字化转型。本书是笔者多年来在企业管理和数字化转型探索方面经验的沉淀，涵盖多家企业的实践案例和简明易用的步骤与工具，希望能够帮助企业的管理者挖掘突破机会和增长空间，同时给对数字化流程管理感兴趣的读者一些启发和思考。

进入后工业时代，企业发展所面临的内外部环境充满了复杂性、多变性和不确定性，但正如"因为有重力的存在，下雨时每一滴水都会进入到山谷"，雨滴向下是必然的，商业趋势的发展也是必然的，新技术必然会出现，但只有看清正在发生的事情，才有希望找到逆势突围的路。

著者

目录

第1章 流程管理篇 ... 001

1.1 流程管理：从战略规划到落地执行 ... 002
- 1.1.1 企业流程的概念、原理与分类 ... 002
- 1.1.2 流程管理：战略落地的作战图 ... 005
- 1.1.3 流程管理与组织治理的关系 ... 007
- 1.1.4 传统流程管理存在的主要问题 ... 011

1.2 体系框架：企业流程管理的实施路径 ... 015
- 1.2.1 企业流程管理体系的价值 ... 015
- 1.2.2 流程管理体系的"金字塔模型" ... 017
- 1.2.3 流程规划：搭建企业流程框架 ... 019
- 1.2.4 流程设计：确保流程落地执行 ... 022
- 1.2.5 流程实施：实现路径与评审机制 ... 024
- 1.2.6 流程优化：推动流程持续改进 ... 026

1.3 流程绩效：基于流程的绩效考核方法 ... 027
- 1.3.1 基于关键流程的绩效考核 ... 027
- 1.3.2 构建全面的流程绩效测评体系 ... 029
- 1.3.3 流程绩效考核的关键指标与原则 ... 031
- 1.3.4 流程绩效管理落地的7个步骤 ... 034

1.4 流程再造：重塑组织业务流程管理 ... 038
- 1.4.1 流程再造的演变与发展 ... 038
- 1.4.2 流程再造的特征、应用与评价 ... 039

1.4.3　流程再造的核心思想与主要内容　　　042
　　　1.4.4　企业流程再造的设计路径与方法　　　044

第2章　数智赋能篇　　　049

2.1　流程变革：流程数字化的转型方向　　　050

　　2.1.1　信息化：流程数字化转型的基础　　　050
　　2.1.2　自动化：流程机器人时代的来临　　　052
　　2.1.3　智能化：技术驱动流程管理变革　　　054
　　2.1.4　【案例】数智技术重塑业务运营模式　　　058

2.2　数智驱动：数字化流程的实践路径　　　060

　　2.2.1　路径1：流程要素数字化　　　061
　　2.2.2　路径2：流程流转数智化　　　062
　　2.2.3　路径3：流程管理数智化　　　063
　　2.2.4　数智化流程建设的原则和步骤　　　064
　　2.2.5　【案例】京东：驱动生鲜产业数智化转型　　　068

2.3　流程智能：数据驱动的业务流程模式　　　069

　　2.3.1　理解流程的传统方法及问题　　　069
　　2.3.2　基于流程数据的智能化变革　　　071
　　2.3.3　全生命周期流程管理智能化　　　074
　　2.3.4　流程智能的技术特点与应用　　　076
　　2.3.5　【案例】网易：基于流程智能的全域营销　　　078

2.4　【案例】揭秘华为流程变革管理体系　　　080

　　2.4.1　华为流程变革的基本规则　　　080
　　2.4.2　华为流程管理的主要内容　　　082
　　2.4.3　华为三大主业务流程体系　　　086
　　2.4.4　华为流程变革的落地实践　　　089

第3章 技术应用篇 093

3.1 RPA 技术：机器人流程自动化运营模式 094
3.1.1 制定 RPA 数字化战略愿景 094
3.1.2 建立 RPA 整体治理与管控机制 095
3.1.3 基于 RPA 业务流程的组织变革 096
3.1.4 建立 RPA 项目组合管理体系 098
3.1.5 RPA 项目的设计交付与运营维护 099

3.2 IPA 技术：开启智能流程自动化浪潮 100
3.2.1 IPA 崛起：企业智能化转型的关键 100
3.2.2 IPA 的核心技术与应用场景 103
3.2.3 IPA 驱动企业财务数字化升级 106

3.3 【案例】基于 IPA 技术的智能财务应用 108
3.3.1 科大讯飞：IPA 报账机器人流程实践 108
3.3.2 招商银行：IPA 驱动银行数字化 111
3.3.3 德勤：基于 IPA 人机协同的智能审计 112
3.3.4 百旺金穗云：IPA 赋能智慧税控模式 115

第4章 业务重塑篇 117

4.1 业务变革：数字化重塑企业价值链 118
4.1.1 数字化流程转型中存在的问题 118
4.1.2 业务流程梳理与固化 120
4.1.3 驱动流程自动化、可视化 122
4.1.4 【案例】美的集团：基于全价值链的数字化改造 124

4.2 数字化业务流程的系统规划与应用　　126

- 4.2.1 业务流程数字化应用的优势　　126
- 4.2.2 业务流程应用系统的规划建设　　128
- 4.2.3 业务流程数字化的具体措施　　131
- 4.2.4 企业招聘业务流程的优化策略　　133

4.3 提质增效：制造企业生产流程智能化　　136

- 4.3.1 沉淀数据：数字化业务流程的基石　　136
- 4.3.2 生产流程管理的信息化、智能化　　138
- 4.3.3 基于供应链协同的流程管理　　142
- 4.3.4 【案例】三一集团：搭建流程信息化管理平台　　144

4.4 数字科研：开启实验室业务流程变革　　145

- 4.4.1 实验室数字化转型的目标　　145
- 4.4.2 实验室自动化与信息化升级　　147
- 4.4.3 实验室业务流程数字化转型　　149
- 4.4.4 用户体验与产品服务的数字化　　151
- 4.4.5 组织战略与文化的数字化转型　　152

第5章　流程型组织　　155

5.1 组织变革：构建流程驱动的组织架构　　156

- 5.1.1 职能型组织 vs 流程型组织　　156
- 5.1.2 流程型组织的5大核心特征　　159
- 5.1.3 流程型组织的设计路径与方法　　161
- 5.1.4 矩阵式组织的设计路径与方法　　163

5.2 流程驱动：构建高效稳定的组织架构　　165

- 5.2.1 流程型组织建设面临的主要挑战　　165

5.2.2 构建流程型组织的 4 个核心步骤 ... 168
5.2.3 设立专职的流程管理专员 ... 171
5.2.4 基于 POMMC 模型的流程型组织 ... 173

5.3 落地关键：领导者如何推动流程变革 ... 175
5.3.1 流程变革与组织领导力 ... 175
5.3.2 构建流程型组织文化与价值观 ... 176
5.3.3 领导者推动流程变革的措施 ... 178
5.3.4 建立明确的企业愿景 ... 181

第6章 变革实践 ... 183

6.1 流程规划：基于流程的 IT 动态规划 ... 184
6.1.1 流程 IT 规划：企业信息化的基础 ... 184
6.1.2 企业 IT 流程规划的战略价值 ... 185
6.1.3 流程 IT 规划的具体实施 ... 187
6.1.4 基于流程的 IT 动态规划方法 ... 189

6.2 流程挖掘：财务数字化转型的底座 ... 190
6.2.1 财务数字化转型面临的挑战 ... 190
6.2.2 财务数字化转型的两大关键 ... 193
6.2.3 流程挖掘的工作原理与优势 ... 194
6.2.4 流程挖掘技术在财务领域的应用 ... 195

6.3 企业流程梳理与优化的实战技巧 ... 198
6.3.1 业务流程梳理的主要步骤 ... 198
6.3.2 业务流程梳理的 4 大工具 ... 200
6.3.3 流程优化的主要步骤与工具 ... 202
6.3.4 企业内部控制流程的优化原则 ... 204
6.3.5 企业内部控制流程的优化步骤 ... 207

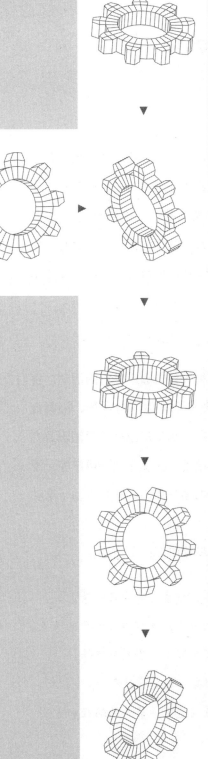

第1章 流程管理篇

1.1 流程管理：从战略规划到落地执行

1.1.1 企业流程的概念、原理与分类

一般来说，流程就是我们为完成某个任务或达成某一目标所需要经历的各个步骤，是相关执行方式和过程节点的有序组成。流程贯穿于我们日常生活和工作的大部分活动中，例如做饭时有洗菜、切菜、烹调等流程，工作中有设计流程、决策流程、采购流程、营销流程、售后流程等。日常生活中的流程通常具有一定的灵活性，其具体执行受个人主观意愿影响较大；工作中的流程则通常需要依据相关规则严格执行，以保障工作的质量和效率。

（1）企业流程的概念与原理

企业流程在本质上是以某一目标为导向，按照相关逻辑顺序进行的活动，由于这些活动存在一定的复杂性和重复性，往往需要多个主体同时进行、协同合作，并整合各种要素投入活动，以实现目标。例如在产品生产流程、营销服务流程或决策流程中，流程要素主要有执行者、资金、设备、活动方式、用户等；流程的执行主体可能包含多个职能部门或个人，因此加强各部门的联系有助于推动流程的顺利运行。

企业需要根据业务需求来定义具体流程，主要步骤如下：

- 明确流程基本属性：如流程名称、具体描述、希望达到的目标等。
- 设置流程节点：可以沿用现有流程系统中的节点，也可以设置新的节点。具体有活动节点、任务节点、分支节点、聚合节点、决策节点等。
- 设置节点流程属性：如节点负责人、处理对象、操作方法等。
- 设置节点连线：即相关任务活动从一个节点到达下一节点的路径和方法。

以下将以企业运营的具体场景——"销售费用预算上报审批流程"为例（见图 1-1），对流程定义的过程与方法进行详细说明。

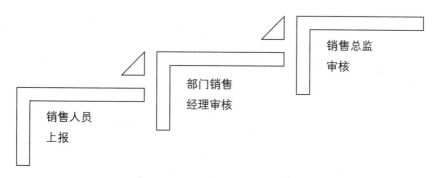

图 1-1 销售费用预算上报审批流程示意图

- 第一步：根据业务需求，找出企业中负责零售或大宗批发等不同业务的销售部门，单个销售部门的组织架构需要包括若干销售人员和一名销售经理，销售总监则管理若干销售部门。
- 第二步：每个部门的销售人员需要向本部门的销售经理上报费用预算等数据。
- 第三步：销售经理根据相关指标，对部门内销售人员上报的数据进行初次审核。如果审核通过，则向上提交至销售总监处；如果审核不通过，则退回至销售人员修改。
- 第四步：销售总监对所管辖业务销售部门上报的数据进行最终审核。如果审核不通过，则退回至具体销售部门修改。

这里的"销售费用预算上报审批流程"是大多数企业使用的基本流程，整个业务流程的处理节点呈线性排列，相关执行人可以按部就班地开展活动。该流程形式也可以运用于其他业务场景中。

（2）企业流程的分类

从不同的角度，可以对企业流程进行不同的分类，如图 1-2 所示。

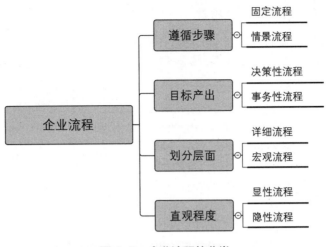

图 1-2　企业流程的分类

① 固定流程 vs 情景流程

固定流程指所遵循的步骤相对固定，且这些步骤不会随着具体业务场景的变化而变化的流程，例如会计记账、编制财务报表的流程。情景流程主要指流程执行人可以依据情景状况对具体步骤进行灵活处理的流程，比如简化步骤、改变活动方法等。销售流程就是这样一种流程，可以针对不同类型的用户群体采取不同的流程方案。

② 决策性流程 vs 事务性流程

决策性流程的目标是作出决定，涉及产品定位、企业战略制定、绩效核算方式调整等方面，可能没有过多步骤，但相关执行要求更为抽象，不易理解，一个步骤可能要重复多次。事务性流程主要产出具体产品或服务，例如采购、流水线生产、维修、售后等流程，其相比决策性流程更为直观，更容易执行。

③ 详细流程 vs 宏观流程

在实际业务场景中，活动流程可以划分为从宏观到微观不同层面，流程间可能是相互交织、相互嵌套的。例如，地产开发流程在宏观上包括土地获取、产品定位、工程项目设计与规划、建造施工、营销推广、售后服务等流程，每个流程又可以进一步详细划分，如在项目设计与规划流程中，又涉及施工图设计单位招标、总体规划方案编制、方案审批等环节。

④ 显性流程 vs 隐性流程

显性流程即具体步骤是可视化的、能够被直观理解的流程，例如产品生产、策划方案审批、售前售后服务等流程。隐性流程则是无法被直观感受的流程，难以定义其具体步骤，例如决策流程。

1.1.2 流程管理：战略落地的作战图

流程管理是指根据企业业务的实际需求，对流程进行设计、描述、运营和调整改进，以更好地实现流程目标。

简要的流程管理包括确立流程目标和流程节点，明确流程执行人，规定具体步骤和执行方法等。完整的流程管理则首先需要了解用户的关键需求，并明确企业业务活动的目标，基于此确立具体流程内容，如执行人、步骤、活动方式、所运用到的工具等，同时需要完善流程中的团队管理、绩效管理、知识管理、流程评估等辅助管理机制，监督流程运行情况，从而推动流程的顺利进行和持续改进。

（1）流程管理的本质

流程管理的根本目标，是要通过不断优化规范化的程序来固化最佳实践经验，降低业务中的事故风险，推动业务的顺利开展和高效运行，从而促进企业管理效益、经济效益的增值。就市场情况来看，大多数企业由于缺乏成熟的新流程实施条件、变革方案不合理、变革中的阻力过大等因素，其流程管理变革往往很难达到预期效果，而大部分员工却要利用各种手段弥补业务流程中的缺陷，这就容易带来经营风险。

因此，企业在进行流程优化改革时，要在贴近实际需求的前提下，合理规划实现路径，引入最佳实践方法和经验，注重关键环节的知识传承，根据现实需求和企业内外部环境变化更新流程设计方案，构建较为完善的流程监督和评估体系，从而保障流程管理变革能够高效、高质量地完成。

同时，企业应该关注流程管理的可靠性、收益率、效率等指标，在保证业务正常运转的基础上进行流程管理方法创新；还应该抓住主要矛盾，即流程中亟待调整的关键环节。如果流程管理变革成本过高，或能够带来的整体收益微小（如对业务运行没有实质性影响），那么此类变革是不必要的。此外，频繁的流程调整不利于业务的稳定运行。

企业的经营管理是建立在一系列业务流程之上的，流程体系框架正如一张流程地图，可以清晰地描述出企业业务的运行方式。流程体系框架是推动企业创造价值的流程链和流程活动的体现，其框架可以从宏观层面切入，向下逐层细分，清晰地呈现出各流程之间的逻辑关系。与流程体系框架相对应的是完整的流程清单，其中包括流程目标、绩效管理体系等内容。

业务流程是企业所应用商业模式的直接体现，企业是否能够将其对基本商业模式的理解转化到业务流程管理模式中，是获得成功的重要因素，同时也是企业价值观、理念的反映，它使企业战略发展规划和实际行动紧密联结，并将产品和服务传递给用户，实现价值创造。而流程管理是企业取得商业成果的重要方法，提高流程管理水平，使业务流程更加规范化、更加公正透明，有助于增强企业的竞争优势，并使整个业务流程更灵活、高效地运行。

企业需要以整体的眼光系统性地分析在流程体系框架层面出现的问题，而不是"头痛医头、脚痛医脚"。当某一个环节出现问题时，需要考虑流程线上的相关环节是否也存在问题，准确识别出现问题的原因，针对关键问题探索解决方案，最终促进整体流程的改进。

（2）流程管理体系的运用

为了提高企业竞争力，促进企业更好地发展，企业需要不断更新自身的管理理念，吸纳和应用各种新的管理方法。目前，企业除了采用在世界范围内受到广泛运用的 ISO 9001 质量管理体系，还可以结合自身情况，建立针对供应链、设备维护、企业内控等环节的有效管理机制，从而适应不断变化的市场环境。

通常，企业会以实施项目的方式来推进新流程管理理念和方法的应用，而新方法必然伴随着相应的配套措施。由此，在长期的流程管理更新过程中，企业积累了若干套管理流程体系。而企业在进行管理理念或管理体系的变革实践中，需要结合自身实际发展情况，将所引入的各种模式融合统一，即有选择性地将不同管理流程体系进行融合，使其最大限度地满足企业的管理需求与发展需求，不可能同时实行多套不同的管理模式，尤其需要注意以下三个方面：

- 一是设立统一的业务流程管理部门。
- 二是运用数字化手段，建立统一的业务流程管理平台。
- 三是业务流程描述语言上的统一。

解决了管理体系设计的可操作性问题，还需要注意所设计的管理体系是否能够得到落实，即避免管理体系的实际执行情况与构想蓝图的脱节。具体来说，主要表现在业务人员是否按照规定流程工作，解决方案主要有以下两点：

① 利用信息化的管理系统来固化业务流程

制定业务流程标准规范，并构建可以及时共享、存储信息的数字化管理系统，从而促进相关管理信息有效传递，并提升管理流程的整体效率；同时，对信息的整合与分析可以推动流程创新。

② 建立业务流程合规监督机制

借助统一的业务流程管理平台，可以建立与各流程相对应的合规审核制度，在一定周期内或以一定频率对关键业务节点进行合规检查，并撰写报告，报告内容可以涵盖业务流程的合规情况、存在风险及需要改进的环节等。

1.1.3 流程管理与组织治理的关系

可以说，企业制定的具体战略不仅决定了企业运营和发展的方向，也决定了企业的管理风格和管理手段,所以企业管理需要以战略制定为起点。而企业的战略要落地执行又依赖于流程,那么,流程管理如何承接企业战略,首先需要了解流程管理与组织治理之间的关联,具体体现在以下几个方面。

(1)流程管理与组织战略

业务流程是连接企业战略发展规划和现实经营活动的桥梁,同时也是实现企业战略目标的重要载体。企业可以基于周期内的战略发展重点来确定相应的流程管理改革方向,使业务流程适应战略发展重点下的业务活动变化。例如,如果企业在本周期内的战略目标是降低成本,那么就可以根据流程体系框架找出可通过优化来降低成本的流程,对其进行评估并制定优化方案。在既定战略规划的主导下,企业业务模式的改变会带来企业流程体系框架的改变,相对地,通过优化和改进某些关键流程,也可以促进企业业务模式的创新和变革。

在绩效管理方面,可以参考行业标杆企业的成功案例,对本企业现有绩效模式进行评估或改革,以绩效管理带动流程体系框架中薄弱环节的优化,发挥绩效管理和流程管理的合力作用,以推动企业绩效的提升。

从管理者的角度来说,不仅要充分理解流程管理,制定合理的变革期望,还要将管理理念与期望转化为实际行动,坚定地推进流程改革的落地执行,不能因遭遇改革阻力而半途而废。

(2)流程管理与知识管理

流程管理的内涵不仅包括开展业务活动的逻辑顺序,还涵盖企业在不断试错过程中积累的最佳实践经验和方法,即与企业运营相关的各种业务知识的有效传递。企业需要重视流程运行中的知识管理,对流程实践中出现的问题和有用经验进行总结,并将优秀的经验、相关的知识运用于关键环节,通过培训、演讲等方式传递给员工。

知识管理有助于企业在复杂的市场环境中持续保持成长势头。如果长期积累的知识与经验仅停留在文件层面或少数高层管理者的头脑中，而不能与流程管理结合，不能适应快速变化的市场环境，不能做到持续更新，那么这些知识就难以发挥其真正的价值，员工可能在同一问题上重复犯错，给企业经营带来风险，同时也不利于业务流程的优化与完善。

（3）流程管理与企业创新

符合实际需求的流程管理方案能够促进企业创新。例如一些企业的实践表明，产品设计师或技术人员往往会在部门协调、会议沟通、等待批复结果等环节中花费大量的精力和时间，进而影响他们将主要精力投入真正的研发创新活动中。由此，企业需要改革研发设计流程，促进市场反馈、用户需求分析、预算控制等各部门业务环节与研发部门工作紧密衔接，使决策更加透明，提升部门间的沟通协作效率，避免相互间的猜忌和负面情绪，减少内部交易成本，真正使研发人员专注于产品的设计与创新。

业务流程内部也蕴含着创新动力，在流程执行、再造的过程中，企业可以实现业务模式的创新，反过来推动业务流程变革。

1999年，华为公司与IBM公司合作，率先引进并实施集成产品开发（Integrated Product Development，IPD）业务流程管理模式。IPD模式的应用，极大地改善了原先研发、市场、服务支持、财务等部门在合作过程中出现的混乱状态，大幅缩短了产品研发周期，减少了研发投入和研发损失，提高了产品质量，有力推动了华为在海内外市场的快速发展。

日本汽车制造公司丰田率先提出"精益生产管理"的理念，并在流水线车间实行"精益生产"流程管理方式，其核心内涵包括杜绝浪费（包括设备、库存资源、产能、时间等成本的浪费）、及时反应市场需求、充分尊重员工、将员工的个人智慧和创造力看作企业的宝贵财富、让问题浮现并解决问题等。当员工的某一个想法经过评估验证后，将会被推广到整体生产的标准流程中，这样的氛围大大激发了员工的创造力,为生产工艺、设备、流程等各方面改进提供了许多合理化的思路,提升了员工个人所创造的价值量。同时,"精益生产"流程管理方式通过科学的工序安排,排除了生产过程中的无效动作和生产线空余时间的浪费,促进了整体生产效率的提高。

(4)流程管理与组织制度

流程运行离不开相关制度的约束和规范。企业应该制定并实时更新流程管理说明书,将相关制度要求和规定纳入其中,包括需要特别注意的细节问题等,并据此开展培训,及时向流程参与者进行宣传。针对复杂的任务,企业可以结合流程运行中的具体实例,帮助员工明确相关制度的要求。

(5)流程管理与组织结构

对企业管理者而言,较为理想的流程管理情况是:首先明确流程管理内容,具体包括业务实际需求、流程目标、流程节点和运行方式等;其次,在此基础上设置相关流程团队、节点负责人、业务部门或业务单元等。但实际上,企业在改革流程管理时组织结构往往已经形成,流程的优化可能会导致组织结构的变化,而只有再造组织结构,才能巩固流程变革成果,因此为了减少复杂流程优化项目中的阻力,流程管理还需要人力资源部门的协同配合。随着企业的不断发展和市场环境的变化,企业需要改变传统的垂直管理模式,转而采用以用户为导向的水平管理模式。

(6)流程管理与质量管理

① 六西格玛管理(Six Sigma Management)

六西格玛管理是一种基于统计数据的质量管理方法,涵盖产品质量、流程质量、服务质量等。它可以通过对业务绩效的测量与分析来提高整体流程的管理能力。

② 精益管理（Lean Production Management）

精益管理以流程管理为核心，消除价值链中的浪费，有助于降本增效。其管理模式与现代流程优化方法具有相通之处，对要进行流程改革的企业来说有着重要的参考价值和借鉴意义。

③ 全面质量管理（Total Quality Management）

顾名思义，其目的是通过全员参与，以全面方法推动全过程、全方位的质量提升。在这一过程中，流程管理可以起到有力的促进作用。

④ 卓越绩效模式（Performance Excellence Model）

这是一种绩效管理的有效方法，其本质是对全面质量管理的具体化、标准化和规范化，流程管理是其中的重要组成部分，其他方面还涉及领导力、企业战略、用户与市场、人力资源等。

⑤ ISO 9000 质量体系认证

这一体系主要关注工作操作指引、岗位责任等，流程管理也是其评估认证的重要方面。ISO 9000 的工作操作指引可以为企业的流程变革提供参考。

流程优化、流程运营都是企业需要关注的重要方面，其最终目标是为用户提供更高质量的产品和服务，提高企业效益。在实际操作过程中，流程优化可能会经历一个螺旋式上升的过程。从"泰勒制"的标准化管理，到美国通用电气推行的六西格玛管理方法，再到丰田的精益生产管理方式，这些流程再造或质量管理方法中都体现出一个重要原则——任何管理目的都是通过控制流程来实现的，只有从流程入手才能对管理模式的正确与否进行验证。

1.1.4 传统流程管理存在的主要问题

18 世纪英国经济学家亚当·斯密（Adam Smith，1723 年—1790 年）提出了"劳动分工"理论，19 世纪弗雷德里克·温斯洛·泰勒（Frederick Winslow Taylor，1856 年—1915 年）提出了"科学管理"理论。前者认为，分工可以有效提高劳动生产率；后者则主张以标准化、制度化的管理方式代替传统的经验管理，认为这是提高工作效率的最佳方式。二者的理论都推动了当时劳动生产率的大幅提高，并为现代企业普遍运用的流程管理模式奠定了理论基础。

在18、19世纪的西方，由于受到经济制度、教育水平等因素的制约，工人的文化素质较低、技术水平有限，大多只能从事简单的体力劳动以换取报酬。在这一背景下，企业流程管理理论得到迅速推广。而进入19世纪80年代后，随着社会经济的发展，以上述理论为基础的传统企业流程管理模式逐渐显现出弊端，存在的主要问题如图1-3所示。

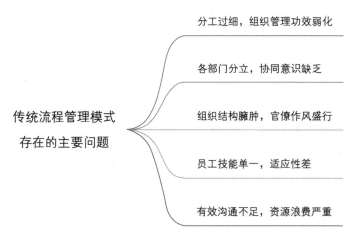

图1-3　传统流程管理模式存在的主要问题

（1）分工过细，组织管理功效弱化

如果一项产品方案或服务方案需要经过多个流转环节或多个部门审批，不仅会增加成本，还可能导致因运作周期过长，无法及时对多变的市场环境做出反应，最终陷入被动境地。

根据科层制理论，企业可以构建理想的组织形式，但其等级结构和控制主张（例如分工、授权等）也决定了管理控制幅度具有有限性。当组织扩大到一定规模时，就不得不增加层级或流程来保证有效管理。而在复杂的管理结构中，各子单位往往不再专注于整个企业的目标,而是聚焦自己的行为,为自身争取最大利益。

这种源于子部门进取意识的分散主义和利益分歧,可以在一定程度上提高局部利益,但同时也弱化了统一的组织管理功效。环节、流转部门增多,不仅会增加人力成本,还会增加沟通成本、时间成本,而信息在传递过程中又会存在失真、不对称等风险,这一切都可能为后期决策带来麻烦。此外,管理分工过细导致的资源浪费等,也不利于企业的长远发展。

(2)各部门分立,协同意识缺乏

各部门如果按照专业职能划分,可以较为妥善地处理好相应流程或领域的工作,但同时这种部门划分也存在弊端,即各部门通常只聚焦于本部门的工作,不能兼顾组织整体的利益,难以有效实现不同部门间的高效互动和协同。

例如,销售部门所奉行的"用户就是上帝"理念并不适用于内勤行政部门,产品或服务是否真正满足用户需求并不是内勤行政部门关注的主要问题。在组织管理运行过程中,各部门以自身利益为活动出发点,且在追究事故责任的过程中,容易出现互相推诿的现象,这都在无形中增加了企业流程管理的运作成本。

另外,在产品研发经费上报审批的过程中,研发部门与财务部门之间也可能产生矛盾,因此在商业活动中,往往需要考虑产品设计投入与产品定位及其带来的收益问题。同时,如果研发部门和市场部门之间缺乏协同合作,比如产品不被市场部认可、市场反馈不被研发部门接受等,都不利于企业的长远规划和发展。

(3)组织结构臃肿,官僚作风盛行

为了确保各部门、各环节的高效衔接,企业可能会增加管理人员专职于部门协调和能效监督等工作,而管理人员占比的增加又会带来流程管理费用的提升。同时,管理人员个人素质的参差不齐和监督管理规范的缺失都可能助长官僚主义蔓延。部分管理者可能热衷于对下属发号施令,满足于因握有决策权带来的权威感和下属向自己请示汇报带来的成就感，甚至脱离实际业务需求大量招聘下属，从而导致机构人员冗杂、办事效率低下、责任归属不明确等一系列问题。因此，减少因复杂的人际关系或管理者彼此间的矛盾带来的内耗，确保管理层的精简、透明、高效运作，是企业健康发展的必然要求。

（4）员工技能单一，适应性差

过于细致的任务划分可能使员工长期受困于单调的工作内容，难以学到新技能，因此缺乏积极性、主动性，进而导致工作质量下降。而当员工面临新的工作环境时，可能又会难以适应业务场景的变化。因此，长期从事单一的工作不利于员工自身的长远发展。

此外，过于细致的专业分工容易使人们专注于提升个别作业效率，反而忽视了整体效能的协调与提升；细致的分工也会有相应的部门或小组划分，个体有可能会将短期利益追求的优先级排在组织发展目标之前，从而产生僵化的本位主义和"见树不见林"的思维盲点，不利于企业的统一管理。

（5）有效沟通不足，资源浪费严重

在传统的分工和流程管理模式下，由于不同部门的工作内容可能存在交集，而相关信息又分散在不同领导、部门人员手中，无法实现信息及时共享，因此，往往容易出现重复做功和资源闲置的情况。例如企业积累的优秀企划经验、市场经验等信息资源只存在于档案室中，难以得到充分利用。

现代信息技术、电子技术的发展为企业改进工作方法、升级流程管理模式创造了条件。企业可以基于内部的局域网，通过构建小组式的工作平台、邮件表、论坛等方式，或直接购买企业管理的线上应用服务，结合可读权限机制，实现各种信息资源的有效利用，如启用个人工作日志上传、项目进展情况同步、疑难案例解决经验分享等。企业的高层管理者则可以通过应用服务监控企业的整体运行情况，并就出现的问题及时进行整治。

1.2 体系框架：企业流程管理的实施路径

1.2.1 企业流程管理体系的价值

在任何企业的生产经营活动中，必然存在相对稳定的流程。流程由一系列可重复的、有逻辑顺序的过程节点（通常为两个及以上）及执行方式组成，从本质上来说这是为用户增值的过程，因此实现用户价值是企业流程管理的根本目标之一。

流程管理即运用专门的手段、方法、技术和工具，针对业务流程，设计与之对应的监督方案和管理执行方案，并辅之以绩效制度，从而提升企业整体运营能力与组织能力，推动企业按照既定规划目标向前推进。

随着社会经济的发展和企业管理模式的创新与改进，关于流程管理的研究与实践也在逐步深化。下面我们来分析一下企业流程管理体系在经营管理活动中的价值，如图1-4所示。

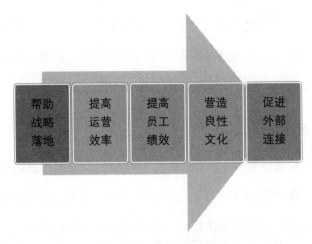

图1-4 企业流程管理体系在经营管理活动中的价值

（1）帮助战略落地

要实现企业的可持续发展，不仅要制定好的战略，还要努力促进战略计划的顺利推进，而许多企业失败的原因就在于未能实现战略的有效落地，而合理的流程管理体系为企业战略的顺利推进提供了良好条件。

（2）提高运营效率

借助流程管理体系，企业可以有效解决组织臃肿、高内耗、部门间相互推诿等问题，从而提高各环节作业效率和运营效率，并降低运营管理成本，保障产品质量和服务质量。

（3）提高员工绩效

在传统的科层制结构下，普通员工往往只关注日常工作内容本身，容易忽略所处岗位与企业目标之间的联系。良好的流程管理体系可以强化组织的目标意识、梳理岗位职责、优化组织结构，并辅助制定相应的培训计划和考核激励机制，提高员工绩效。

（4）营造良性文化

流程管理体系不仅能够促进企业目标在横向上、纵向上的贯通，还有助于纠正各部门各自为政、谋权利己的不良风气，营造公平、开放、积极、健康的企业文化，提升员工的归属感和忠诚度，促进企业的健康发展。

（5）促进外部连接

在传统的组织管理模式下，供应商、中间销售渠道和用户虽然是企业的利益相关者，但各主体彼此隔离，相互之间的联系并不紧密。良好的流程管理体系，可以辅助产业链上下游各主体建立更为紧密的联系，从而提升产业生态效益。

1.2.2 流程管理体系的"金字塔模型"

根据流程管理体系的基本结构,可以构建其金字塔模型,如图 1-5 所示。下面我们主要从流程应用、职能适配、流程基础、企业环境等层面进行阐述。

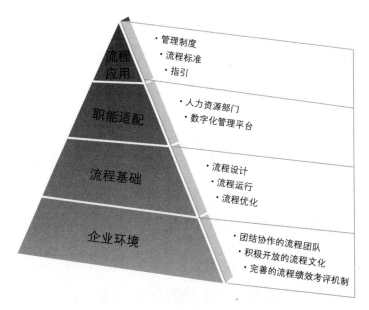

图 1-5　流程管理体系的金字塔模型

(1) 流程应用层

流程应用层通常是指相关管理制度、流程标准和指引等内容,一般通过书面文件、表单等形式进行传达,主要用于规范和指导员工的日常工作。具体来说有以下三个方面:

- 管理制度:主要侧重于宏观层面,涵盖了各部门在职能管理、业务运作过程中所要遵循的政策、原则或宗旨。
- 流程标准:针对主要业务和职能的具体作业要求做出规定,相比管理制度更为具体。
- 指引:对流程标准未覆盖的流程关键节点的作业要求做出详细补充。

（2）职能适配层

从机构配置上看，职能适配涵盖组织架构、部门职位职责的适配；从基础设施或物质支持方面看，职能适配需要搭建数字化的流程管理平台，实现机器人流程自动化（Robotic Process Automation，RPA）应用、商业智能（Business Intelligence，BI）平台应用等；从员工管理流程上看，职能适配意味着员工培训、员工调度、员工胜任力评估等都需要与岗位职责相适应。

在流程管理中，需要根据不同职能组的特性来制定与之对应的流程管理标准。其中，人力资源部门和数字化管理平台尤为重要：

- 人力资源部门：主要承担组织架构管理、员工职位职级调整、员工招聘培训及胜任能力评估等职责。
- 数字化管理平台：需要一定的技术支撑，包括员工权限管理、业务流程自动化、流程文件电子平台等。

企业需要制定与各类业务相适配的流程标准，以促进工作的顺利开展。在职能适配调整的同时，也需要注意进行内控优化，即将评估测试、季度总结、年度报告等内部控制措施嵌入到业务流程中，从而强化流程管理力度，促进相关流程管理体系的落地与完善。

（3）流程基础层

流程管理体系建设的前提是流程的设计、运行与优化三个方面：

- 流程设计：搭建企业流程管理组织架构、制定相关质量管理体系文件和分权规范手册等。
- 流程运行：包括制订试运行计划，针对相关业务流程进行小范围、分阶段的试运行，解决试运行过程中暴露出的问题，进而过渡到业务流程全面运行，在解决测试中未发现的问题后，最终形成相对固定的流程运行模式。

- 流程优化：企业可以通过流程穿行测试来实现流程优化，包括数字化的管理平台和实际生产环境、业务环境下的流程穿行测试。同时，可以建立流程有效性、成熟度相关评估机制，充分利用评估结果，优化问题流程。

（4）企业环境层

流程体系建设有助于营造积极健康的企业文化氛围，而企业环境也是流程体系建设的土壤。有利的企业环境要素包括以下几个方面：

- 团结协作的流程团队：流程管理团队建设主要涉及选拔流程管理人才、划分职责与权限、对流程管理人员进行相关能力培训（包括对典型案例的探讨）、帮助团队成员成长与实现个人价值等。
- 积极开放的流程文化：流程文化建设可以从多方面入手，比如确立并发布高管层基调，构建畅通的沟通渠道，培养自觉遵从的流程意识、塑造严整的纪律氛围，组织员工开展流程文化培训，进行经典案例分享或榜样塑造，公开流程管理考评奖惩结果等。
- 完善的流程绩效考评机制：企业需要建立流程监督与测评机制，如利用周报、月报等数据进行综合分析。

1.2.3 流程规划：搭建企业流程框架

流程管理体系是企业优化业务流程的重要工具，主要由流程管理体系规划、流程设计体制、流程实施与评审机制和流程改进机制四部分组成，从企业管理的角度来看，这四部分也体现出了 PDCA 循环❶中的计划、执行、检查和处理。

---

❶ PDCA 循环：一种管理方法，它将质量管理分成四个阶段，即 Plan（计划）、Do（执行）、Check（检查）、Act（处理）。

在流程管理体系规划环节，企业需要完成两项工作。一方面，企业应明确业务管理、业务发展和利润获取的流程；另一方面，企业应构建分级分层的流程管理体系，理清流程中不同环节之间的关系，并加强对以阶段性战略目标为基础的关键流程的监控和识别，以提高流程管理的便捷程度。

需要注意的是，在进行流程规划之前，首先，要对企业战略目标进行深入解读与分析，明确近期与远期目标；其次，基于战略目标并结合企业价值链，搭建企业流程架构，制定具有可操作性的流程体系建设方案和工作计划等。

由此可见，企业在进行流程管理体系规划的过程中需要遵循以下几项原则，如图1-6所示。

图1-6　企业流程管理体系规划的原则

（1）完整性

现阶段，大多数企业会依据质量管理体系标准来构建自身的流程管理体系，但对各项业务活动的流程却缺乏规范化的管理，因此，企业应重视对一些重要活动的流程进行规范，在整个企业的流程管理体系中加入规范的业务活动流程等内容，构建文件化流程体系，进一步提高企业流程管理体系的完整性。

除此之外，由于部分企业缺乏流程管理体系的规划能力，其流程管理体系未能随着企业的发展而不断优化，仍旧存在层次低、事务性操作多等不足之处。企业如果不能及时制定有效的战略并据此对流程管理体系进行引导，那么未来的业务发展也将受到阻碍。

（2）范围清晰

企业在进行流程管理体系规划时应确立清晰的流程范围，明确流程的起点和终点，并确保整条业务链中不存在断点、真空地带和重复管理等问题，为流程的可操作性提供充分的保障。

具体来说，不同工作的性质、时间跨度、责任人、责任部门等各不相同，因此混合了多项工作的流程大多具有一定的复杂性，如果企业在进行流程管理体系规划的过程中未能将各项工作中的各个要素界定清楚，那么流程运作时就可能会出现职责职权界定不清、工作互相推诿扯皮等问题，进而影响流程中各个环节之间的协调性，导致流程难以实现高效运作。

（3）层次化、结构化

企业应理清流程内部的上下游关系和支持关系，并以价值链为依据构建具有层次化、结构化特点的流程管理体系。

现阶段，大多数企业都已经构建起了基于 ISO 9000 的层次化文件管理体系，但这些企业的流程并不具备层次化和结构化的特点。除此之外，部分企业还存在流程管理体系的逻辑关系模糊等问题，导致各个部门的工作无法进行有效衔接，甚至出现互相推诿等问题。

（4）认识关键流程

许多企业没有制定明确的战略目标，更不会从实现战略的角度出发进行流程管理，因此这些企业需要确立阶段性的战略目标，并在此前提下主动识别关键流程，进而为流程管理提供助力。

1.2.4 流程设计：确保流程落地执行

流程设计的主要工作包括绘制流程图并确定与之适应的企业标准，编制四级质量管理体系文件并确立与之适应的企业标准，进而完成后续的审批、发布事宜。

企业在建立流程设计机制的过程中应严格遵循以下三个原则，如图1-7所示。

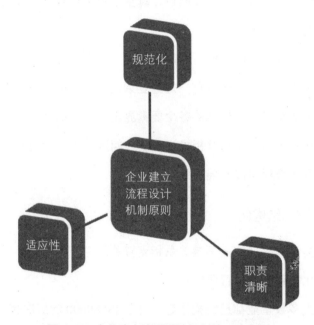

图 1-7　企业建立流程设计机制的三大原则

（1）规范化

流程设计机制的规范化主要体现在节点完整、流程输入明确、流程输出明确、活动规范明确以及具有完整的流程等方面。一般来说，流程可分为以下三部分：

● 流程图：企业中负责流程改进的工作人员可以通过流程图来了解活动范

围和各个活动之间的关系，全面把握流程改进工作的各方面信息，以便从整个流程出发开展流程改进工作。

- 流程说明：企业中负责流程改进的工作人员可以通过浏览和学习流程说明来了解流程图中各个流程的具体情况，如操作细节等，以便在流程改进过程中获取更多有用的经验。
- 表格：表格中记录着大量流程信息，既能够体现出流程的实际运行情况，也能够为相关工作人员了解流程信息提供方便。

（2）职责清晰

大多数企业在制定考核指标时会以职能考核为中心，但却缺乏对流程运行绩效的考核，因此企业在建立流程设计机制时应明确岗位职责，并从战略层面出发构建以流程运行绩效考核为参考要素的绩效指标体系。

总而言之，所有的绩效都与流程有着密不可分的关系，因此，建立并使用围绕流程制定的绩效指标体系不仅有助于消除部门本位主义现象，提高员工对过程产出和最终产出的关注度，还能大幅提高员工的关键绩效指标（Key Performance Indicator，KPI）与企业的阶段性战略目标之间的适配性，进而为企业的发展提供助力。

（3）适应性

部分企业的流程只是员工的日常操作行为，既不能适应实际运作情形，也无法满足企业战略发展的要求；还有一部分企业对战略目标进行优化后，却并未相应调整流程，导致流程中缺乏新的关键要素。由此可见，企业在制定流程设计机制时，应确保流程符合企业战略发展和实际运作的要求，提高流程的适应性。

与此同时，为了确保流程的有效性，企业在进行业务管理时应针对各项业务的实际情况为其选择合适的流程，而不是直接采用统一的流程。

1.2.5 流程实施：实现路径与评审机制

（1）企业流程管理的实施步骤

流程管理是企业优化管理模式和提升内部管控能力的重要手段。从实现流程管理的方式来看，企业主要应做好四项工作，分别是：信息采集、识别和描述企业流程、选择关键流程和选择需要改进的关键流程，也即企业流程管理的实施步骤，如图1-8所示。

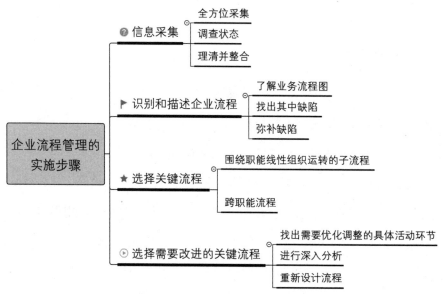

图1-8 企业流程管理的实施步骤

① 信息采集

在原有流程的识别环节，企业应安排业务流程专员全方位采集原有流程的相关信息，调查流程当前的状态，理清各项制度和流程的层级，并根据具体的业务系统进行整合。负责流程设计和优化的工作人员需要借助业务流程专员采集到的信息加深对原有流程的了解，以便找出流程中存在的不足之处，为后续的流程优化工作打下坚实的基础。

② 识别和描述企业流程

一般来说，大部分职能式管理企业可以通过流程设计和改进的方式来提升自身的流程管理水平。首先，企业需要明确自身的业务范围，充分了解业务流程图；其次，企业要识别并清晰描述当前流程，并找出其中的缺陷；最后，企业要以重新设计流程或改进原有流程的方式来弥补缺陷，提高企业运行效率。

③ 选择关键流程

企业中的流程基本可以分为围绕职能线性组织运转的子流程和跨职能流程两种类型，其中围绕职能线性组织运转的子流程具有在单个部门内投入和产出的特点；跨职能流程具有覆盖多个职能部门的特点，而且参与跨职能流程的每个职能部门都不需要对整个流程负全责。

④ 选择需要改进的关键流程

为了节约资源，确保流程管理的持续性，企业应先在众多关键流程中找出存在严重问题的关键流程，并对这些关键流程进行诊断，找出需要优化调整的具体活动环节，再深入分析这些活动环节为什么会对绩效造成不良影响，最后根据具体原因和要求重新设计流程，实现有针对性的流程优化。

流程管理是一项十分复杂的工作，需要企业的决策层、管理层和执行层共同研究。对企业来说，需要根据自身的实际情况探索出个性化的管理模式，并不断对流程进行优化，提高流程管理的有效性。

（2）建立流程评审机制

为了推动流程落地实施，企业应建立流程评审机制，并按照流程评审机制的要求展开流程评审工作，以达到促进流程优化和增强流程权威性的目的。具体来说，流程评审主要包括以下几个环节。

① 公开流程体系规划

企业应通过培训来提高执行人员对新流程、新规范的了解程度，帮助执行人员理清工作思路，明确自己在新流程中的职责并学习所需的技术和知识。

② 增强流程的权威性

为了确保企业员工在流程执行过程中严格按照流程化规定进行操作，企业可以在内部营造"重视流程、使用流程、管理流程"的氛围以增强流程的权威性，使所有员工认识到流程的重要性。

③ 建立评审机制

为了确保流程持续有效，企业需要建立包括计划、方法、绩效测评等多项内容的评审机制，组建流程评审小组，并组织流程评审小组和其他相关人员分别对关键流程和其他流程进行评审。

④ 建立奖惩制度

为了加强对流程执行行为的管理，企业需要针对各类流程执行行为建立完善的奖惩制度，并按照制度要求对利于流程落地的行为进行奖励、对违反流程规定的行为予以处罚。

1.2.6　流程优化：推动流程持续改进

某一流程在实施过程中会逐渐暴露其弊端，流程评审人员也能够发现流程中存在的不足之处，因此企业需要建立流程改进机制。具体来说，有效的流程改进机制应与先进的管理思想和企业的阶段性战略要求相契合，这样才能够帮助流程管理人员破解管理难题、推动流程持续优化，并提高流程的长期有效性。

一般来说，企业可以从以下几个角度开展流程改进工作：

① 企业战略要求

融合了企业战略要求的流程能够为企业实现战略目标提供助力，因此企业在推进流程改进工作的过程中需要充分考虑企业战略要求对流程的影响。

② 标杆基准

引领行业发展的企业通常可作为业界标杆，企业应积极研究标杆基准，学习业界标杆在流程管理方面的成功经验，并参考业界标杆的流程管理方式确立符合自身实际情况的流程绩效目标，制订流程改进计划。

③ 协调平衡

企业需要在流程改进过程中理清上下游流程和接口流程，进一步平衡各流程之间的关系，提高各个流程之间的协调性。

④ 流程优化的持续性

为了提高企业的运营效率，在市场竞争中赢得优势，企业需要对流程持续进行优化。具体来说，企业可以组建由多个部门员工构成的流程工作小组，并安排该流程工作小组找出流程运行问题、定期评审流程，以便持续优化存在问题的流程和适应性不足的流程，不断优化工作方法，破解管理难题。

1.3 流程绩效：基于流程的绩效考核方法

1.3.1 基于关键流程的绩效考核

近年来，我国企业对流程梳理、流程优化等各类流程管理工作的接受度日渐提升，对流程绩效测量的重视程度也在不断提高。对企业来说，在流程基础管理的前提下进行流程绩效测量是推进流程型组织建设和强化自身竞争优势的有效方法。企业流程管理具有多个发展阶段，为了促进企业快速发展，企业应针对各个发展阶段的实际情况确定流程绩效测量的重点。

企业在实施流程管理的初级阶段，需要基本理清流程并制定好流程清单和流程说明文件，企业的所有员工也应该对这些内容进行全面掌握。对企业来说，首先要全面掌握企业流程运行的整体情况；其次，要根据流程评价进行判断，找出企业流程运行中需要重点优化的领域；最后，要营造有利于流程管理的氛围。

也就是说，在流程管理的初级阶段，企业需要完成流程梳理、制定流程清单、制定流程说明文件、进行流程评估等工作。

以企业的业务性质为分类标准，可以将流程体系分为市场线、网络线和综合线三部分。在流程评估环节，企业需要分别对流程的重要性和流程整体表现两个方面进行评估，并根据评估结果确定流程体系的三个线条中需要重点关注和优化的领域，如法务、行政、物资采购等。

对流程进行闭环量化评估、分析员工绩效与流程之间的联系都是对组织流程进行整体评估的重要环节，能够帮助企业更加全面地掌握当前组织流程的实际运转情况，明确流程中需要重点关注的领域，但需要注意的是，与员工绩效挂钩的流程评估并不是企业在初级阶段优化流程的最佳方式。企业应重视流程管理的理念和文化，并营造良好的流程管理氛围。

企业在实施流程管理的中级阶段，已经根据组织特点构建出了全新的流程体系，并初步建立起跨部门沟通的桥梁。对员工来说，流程管理有助于员工扩大视野，以流程整体表现为依据开展工作，员工可以将与自己工作相连接的人看作自己的用户；对企业来说，要重视关于流程的客观评价，并围绕重点流程确立以用户为中心的绩效衡量指标，以便通过流程管理获取更多利润。

在实际操作时，企业可以将绩效评估融入重点流程中，让重点流程能够通过绩效评估直接创造价值，进而为企业带来利润。

（1）选择需要考核的重点流程

随着市场竞争日益激烈，企业在这一环节需要利用访谈、问卷调查等多种方式对各个流程进行调研，以加强对各个流程的了解，并综合考虑各个流程的运转情况、影响企业当前运营的关键点以及影响企业未来运营的关键点等，进而选出要进行考核的重点流程。

（2）确立流程目标

流程经理需要与各个流程干系人共同确立流程目标。流程干系人包括获取流程产出者、影响流程结果者等所有涉及流程执行和流程结果的参与人员。流程目标包括以用户为中心的结果目标和以关键节点为中心的过程目标。在这一环节，企业应以具体化、可量化和简单化为原则来确立流程目标，如明确的流程运行时间、流程产出量等。

（3）明确绩效考核方式

在流程管理的中级阶段，企业一般只对部分流程的员工进行绩效考核，这会使不同流程的员工存在是否进行绩效考核的差异，可能导致企业内部的员工绩效考核缺乏公平性，因此企业需要在确保公平的前提下进行流程绩效评估，并在绩效评估体系中设立正向激励机制。

除此之外，企业的流程经理不仅要合理运用自身拥有的优化和管理流程运行的权力，也要担负起保证流程绩效达标的责任。

（4）评价、反馈和优化

企业需要定期召开会议对流程运行情况进行评价，对流程目标的达标情况进行反馈，并对绩效考核方案进行优化。在这一环节，企业可以实际需求为中心优化升级当前的 IT 支撑系统来为流程评价提供驱动力和平台层面的支持，达到提高流程信息运转畅通的目的。

（5）绩效考核结果的应用

绩效考核结果能够体现员工的个人能力，因此企业应认识到绩效考核的重要性，充分利用绩效考核结果，并将其作为员工职位调动以及为员工发放工资和奖金的参考因素，同时也可以通过绩效考核来进行流程优化。

1.3.2 构建全面的流程绩效测评体系

在流程管理的高级阶段，企业的相关流程已经被内部成员高度重视，企业的绩效考核部门已经对运营流程有了全方位的了解和把握，员工对围绕流程开展的绩效考核的接受度也有明显提升。对企业来说，进入流程管理的高级阶段后，需要把握时机，在现有流程管理的基础上构建全面绩效测量体系。

具体来说，企业在构建全面绩效测量体系时需要经过绩效规划、绩效追踪以及绩效检查和改进三个环节，如图1-9所示。

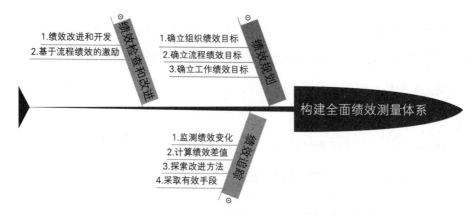

图1-9　构建全面绩效测量体系所需的三个环节

（1）绩效规划

① 确立组织绩效目标

企业需要在绩效规划环节确立包含组织价值、用户需求、财务预期、非财务预期、产品市场目标、对竞争优势的期望值等多项要素的组织绩效目标。

② 确立流程绩效目标

在绩效规划环节，企业需要确立相应的流程绩效目标。一般来说，良好的流程绩效是企业实现组织目标的基础，企业在确立流程绩效目标的过程中需要对组织目标、用户需求、标杆信息等进行综合考虑。

③ 确立工作绩效目标

作为企业项目的落地实施者，员工需要维持流程正常运行，因此企业要在绩效规划环节确立工作绩效目标，不仅如此，企业确立的工作绩效目标还应为员工提供工作内容、工作方式和工作要求等方面的指引。

（2）绩效追踪

对企业的管理层来说，在流程运行的过程中，需要在各个流程之间建立逻辑合理的信息流来实时监测实际绩效的变化情况，并计算实际绩效与目标绩效之间的差值，探索提升实际绩效的方式方法，采取科学、合理、有效的手段推动绩效目标快速达成。

（3）绩效检查和改进

① 绩效改进和开发

当企业发现流程存在不足之处时，可以直接利用有效的技术手段来对流程进行优化，进而达到绩效改进的目的。若企业当前掌握的技术和知识无法实现绩效改进，那么企业还需安排相关人员针对流程中存在的问题进行技术开发。

② 基于流程绩效的激励

企业应通过正向激励的方式对自身在流程绩效测评中取得的成果进行强化，具体来说，企业可以从员工的薪酬和职位角度入手，将员工的薪酬和职位调动与流程绩效挂钩，通过激励员工提高流程绩效来实现组织绩效目标。

1.3.3　流程绩效考核的关键指标与原则

在落实流程管理的过程中，可能会存在各种困难，比如：部门不重视流程绩效管理，流程目标形同虚设；相关负责人消极应对流程运行过程中出现的问题，致使其得不到及时、有效的解决；不同部门间关联不够密切，跨部门协作难度大，无法有效统筹、调配流程管理资源；各部门被动参与，人员积极性不高，缺乏流程优化的动力。针对上述问题，可以引入相关绩效考核方案，以保障流程管理的顺利推进。

流程绩效管理是一种对企业经营活动进行动态管理的方法，其优势在于可以基于企业的战略发展规划，对相关目标的达成情况进行量化，通过对各种量化数据的整合与分析了解企业的实际运营状况，并根据实际需求进行绩效标准的调整与优化。流程绩效管理是检验企业业务流程设计和经营策略合理性的重要方法，同时也可以更好地引导企业实现战略规划目标。

（1）流程绩效考核的关键指标

通常，基于流程的绩效考核主要有时间、质量、成本与风险四个方面的关键指标，如图1-10所示，下面将进行简要分析。

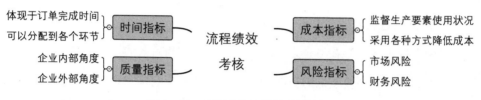

图1-10　流程绩效考核的关键指标

① 时间指标

在企业的业务运行和整体流程管理中，时间是绩效考核的重要指标之一，管理好时间是企业维持并提高竞争力的重要条件。时间指标主要体现在订单完成时间上，根据作业流程，可以将时间指标分配到原材料采购、生产加工、物流配送、产品相关配套服务等环节中，进而确保企业的生产、经营效率。

② 质量指标

就企业内部来说，质量指标主要表现在各个环节向下游传递的物品是否满足要求，以保证产品质量稳定；就企业外部来说，是否能够向用户提供质量优良且稳定的产品或服务，关系着企业是否能够扩大市场份额并持续发展。

③ 成本指标

成本管理是企业改善财务状况、提高资金利用率的重要途径。具体地说，企业需要采取相关措施，对生产经营过程中的人、财、物等要素的使用状况进行监督，并根据相关财务数据，通过寻求替代品、优化流程等方式降低成本。

④ 风险指标

这一类型指标主要涉及市场风险和财务风险。在市场风险方面，需要基于相关销售数据或任务达成情况，制定合理的绩效指标和奖罚机制；财务风险则包括企业现金流及支付能力、投资回报率等财务指标要求。

企业可以通过分析以上几个方面的量化数据，实时、持续地监督并掌握经营情况，深入探究各项指标的内在联系，进而完善流程管理机制，实现对企业整个生产经营活动的动态流程管理。

（2）流程绩效考核指标体系的构建原则

企业在构建流程绩效考核指标体系时，应该遵循以下几个原则：

① 统领全局，自上而下

以供应链绩效指标为例，企业可以利用供应链运作参考（Supply Chain Operations Reference，SCOR）模型来设计供应链绩效指标，并将供应链柔性、供应链成本、供应链可靠性和供应链响应能力纳入最高层的绩效指标当中。供应链管理主要涉及计划、采购、制造、交付和退运，企业对供应链中的各个子流程的绩效指标设计也应围绕这四个方面展开。

② 重视绩效指标的可衡量性

为了及时优化业务流程，企业需要提高数据处理效率，确保流程绩效管理的实时性和客观性。具体来说，企业可以利用 IT 技术来采集、分析和管理流程绩效分析所需的各项数据，这样不仅能够高效处理各项数据信息，还能帮助企业降低数据管理成本。

③ 确保各项流程顺利落地

以物料及时到货率为例，对采购部门来说，物料及时到货率就是及时到货订单在总订单中的占比；对生产部门来说，物料及时到货率并不能充分反映出生产计划能否顺利实施，如果关键物料不能及时到货，那么生产计划将无法顺利执行，因此生产部门还需要参考物料及时到货率与物料齐套率的乘积来安排生产。

④ 对流程绩效指标进行多次验证

在对流程绩效指标进行验证时，可及时发现并解决其中存在的数据不可收集、统计范围不合理、数据真实性无法保证等问题，进而提高流程绩效指标的科学性、合理性和可靠性。

1.3.4 流程绩效管理落地的 7 个步骤

流程绩效管理是一种通过提高员工工作效率来提升业绩的绩效分析手段，主要包括以下 7 个步骤，如图 1-11 所示。

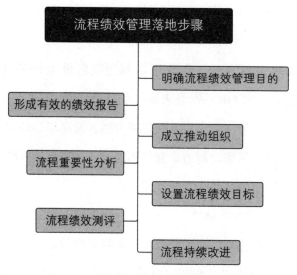

图 1-11　流程绩效管理落地的 7 个步骤

（1）明确流程绩效管理目的

对于企业而言，进行流程绩效管理首先应该明确具体的目的，比如：

- 企业可以通过流程绩效管理找出实际流程绩效与行业内标杆水平之间的差距，并根据对流程绩效的对比分析探索流程改进方法，充分发挥自身优势以提高流程绩效。

- 企业可以通过流程绩效管理来提高绩效衡量方式的标准化程度,并在各个业务参与者之间建立统一的语言,为整个业务流程中的参与者学习和掌握业务执行相关信息提供方便。
- 企业可以通过流程绩效管理来判断自身在参与市场竞争时的绩效达标情况。

(2)形成有效的绩效报告

绩效报告中记录着大量绩效信息,业务流程的参与者以及与业务之间存在利害关系的人都可以通过绩效报告来了解进度、成本、质量等方面的信息。一般来说,绩效报告中主要能够传递出以下10类信息:

- 目前的工作进度。绩效报告中会记录所有已完成的工作包及其他工作。
- 目前计划内未完成的工作。绩效报告中会记录当前未完成但已经在计划当中的所有工作包及其他工作。
- 影响工作进度的关键因素。绩效报告中会整合所有未在计划时间内完成的工作,并列出导致这些工作未能如期完成的原因。
- 未能及时完成的各项工作对即将达成的里程碑及整个进度计划的影响。绩效报告中会整合所有未在计划期间完成的工作,并列出这些未能及时完成的工作对即将达成的里程碑及整个进度计划的影响。
- 工作进度调控方法。绩效报告中会记录所有工作计划的调整方法和工作进度控制方案,帮助企业避免工作进度偏离预期。当出现工作进度与工作计划不符的情况时,企业也可以参考绩效报告中的调整方法来对工作计划进行调整。
- 目前的成本支出。绩效报告中会记录业务项目截至目前的所有成本支出。
- 成本支出偏离预期的原因。绩效报告中会整合在人力、材料等各个方面的资金结余信息和资金超支信息,并列出导致成本支出偏离预期的各项原因。

- 成本支出偏离预期对整体预算及应急资金的影响。绩效报告中会标明成本偏离预期对整体预算造成的所有影响,并注明项目所需的应急资金,企业可以根据绩效报告中注明的应急资金数目来决定追加应急资金或维持现状。
- 成本支出的调控方法。绩效报告中会写明如何按照计划有效控制成本支出以及如何在成本支出偏离预期时对计划做出合理的调整。
- 目前的质量水平。

(3)成立推动组织

流程绩效管理具有系统化的特点,为了确保流程绩效管理的协调性和整体性,企业需要为其组建一个由企业高管带领、由各个关键流程领域的负责人构成的专门的虚拟组织。具体来说,该虚拟组织主要负责以下几项工作:

- 组织协调。
- 工作策划。
- 执行工作计划。
- 检查工作效果。
- 提供资源。
- 重大问题决策。

(4)流程重要性分析

一般来说,需要专门制定绩效指标的流程通常较为重要,因此企业需要从用户导向、行业竞争力等多个方面对各个流程的重要性进行分析,并合理规避风险,以由点到面、先易后难和先业务后职能为原则稳步推进流程绩效管理工作,可以先为1~2个重要流程制定绩效指标,再全面推进流程绩效管理。

（5）设置流程绩效指标

企业在制定流程绩效指标时需要以全局性、端到端、用户导向和少而精为基本原则。

① 全局性

企业应打破岗位、部门、公司的边界,从行业层面来制定流程绩效指标。

② 端到端

企业应放弃对流程的切分,制定端到端的流程绩效指标。

③ 用户导向

企业应不断确认外部用户需求,并围绕外部用户的实际需求制定流程绩效指标。

④ 少而精

企业应控制各个流程的指标数量,合理分配时间、精力和资源,为各个流程达到已制定的各项流程绩效目标提供保障。

（6）流程绩效测评

企业应该对流程绩效定期进行测评,并确保测评结果的准确性和有效性,一般来说,企业会加强流程绩效考核与部门绩效考核体系以及个人绩效考核体系之间的联系,但目前许多企业缺乏对流程绩效指标的重视,只考核财务指标,因此难以通过流程绩效测评来增加收益。

（7）流程持续改进

在大多数企业的认知中,流程绩效测评是流程绩效管理的最后一个环节,但从本质上来说,流程绩效测评的目的是帮助企业发现自身当前的绩效与竞争对手的绩效以及用户期望绩效之间的差距,并根据绩效测评结果对流程绩效进行进一步优化,因此企业应充分发挥虚拟组织的作用,推动流程持续优化。

1.4 流程再造：重塑组织业务流程管理

1.4.1 流程再造的演变与发展

企业流程再造（Business Process Reengineering，BPR），也称业务流程重组，盛行于20世纪90年代，是一种随着社会经济发展和生产力变革而产生的经营管理思想，它深刻影响了社会生产关系的变革。

1994年后，互联网在我国飞速发展，这大幅提高了我国的社会生产力，推动了我国多个领域、多个行业实现快速发展。在这一时期，国内企业在应用互联网技术的过程中十分注重功能实现，但却忽视了用户体验，因此企业利用互联网技术开发出的应用软件往往存在无流程、流程随意等不足之处，对企业管理和企业发展所起到的作用十分有限。

与此同时，美国等发达国家开始大力推动企业流程网络化管理创新，充分发挥信息技术和网络技术的作用，利用六西格玛、PDCA循环、流程分析、流程建模和仿真等多种手段革新流程管理模式，帮助企业优化流程、适应市场变化、满足市场需求，并提高企业在流程管理方面的信息化程度，增强企业的市场竞争力，进而达到提升企业效益的目的。

近年来，各行各业对流程再造的接受度和认可度越来越高，并逐步在各项流程中融合流程优化和流程再造等先进理念，推出关于流程再造的产品和服务。由此可见，随着信息技术的快速发展，企业的管理理念也在不断升级。

在流程再造的过程中，企业可以借助多种先进技术手段对企业管理模式进行优化创新，进而有效提高企业的管理能力和管理水平，推动企业管理快速发展，缩短产品和服务生命周期，以更快的速度适应市场变化并根据市场变化快速制定应对方案。由此可见，流程再造能够在企业管理方面为企业提供系统化的解决方案，驱动企业快速发展。

从定义来看，流程再造就是从组织架构、部门设置、岗位设置、业务流程等多个方面进行优化和调整，企业可以通过流程再造来革新各项业务，优化组织经营流程，并最大限度地扩大流程中的增值内容、压缩其他内容，进而大幅提高业务效率，获取更高的业务绩效。对企业来说，既可以对自身的某一个流程实施流程再造，也可以扩大流程再造范围，将其应用于企业内部所有的组织部门当中。

随着我国社会经济的发展，国家在政策层面上提出了进一步深化改革的要求。而企业自身也需要不断改革，以适应市场环境变化和日益激烈的市场竞争。企业改革是一项复杂的系统工程，涉及优化企业结构、转变经营模式、完善管理制度等任务，同时要打造与之相适应的优秀的企业文化，提高人员参与改造的积极性，从而逐步实现提升企业整体竞争力的最终目标。就目前我国企业的发展状况来看，如果要实现运营效率和经济效益的提高，需要重点关注企业的管理权限和结构问题，针对长期未解决的弊端进行彻底改造，增强企业持续发展的能力。

企业流程再造旨在提高企业在激烈市场环境中的竞争力，更好地适应市场经济的发展。这一理论的创立人迈克尔·哈默（Michael Hammer）认为，业务流程即一系列业务活动，通过某些要素（如人力、资金、物质资源等）投入来创造出对用户有价值的产品或服务，这也是企业经营活动的根本目的。而企业在这一过程中按照一定顺序或逻辑从事的各种运营活动，共同构成了业务流程。

1.4.2 流程再造的特征、应用与评价

企业运作战略的革新是企业实现流程再造的关键，企业需要根据自身实际情况重新设计运作战略，对各项业务和日常工作进行调整，进而达到提高绩效的目的。从本质上来看，优化调整日常工作只是企业在流程再造过程中需要完成的基础工作，并不是企业实现流程再造的主要内容。

流程再造的特点主要表现在以下三个方面：

- 在关注焦点方面，企业在流程再造过程中会明确流程中的增值内容和非增值内容，以便最大限度地扩大增值内容、压缩非增值内容，这可能会改变流程时间，但这并不是企业进行流程再造的关键。
- 在用户方面，企业在流程再造的过程中会以用户为中心进行流程产出。
- 在流程优化创新方面，企业在流程再造的过程中会对当前已有的流程重新进行系统化设计和调整。

（1）企业流程再造理论的应用价值与局限性

① 企业流程再造理论的应用价值

企业流程再造打破了传统企业管理的局限，有效克服了原有管理方式中存在的弊病，创新了企业管理技术，增强了企业在激烈的市场竞争中的适应性。

企业流程再造的核心价值在于辅助企业改善管理机制，从而大幅提升企业在同质市场中的竞争优势，为用户提供更高质量的产品和服务，推动企业持续发展。

提高运营效率和经济效益是企业进行流程再造的根本目的。在运营效率方面，通过优化、调整生产运营环节，使多个流程同时进行，加强各环节之间的衔接，从而降低时间成本；在经济效益方面，如果能够通过流程再造降低时间成本、人力成本和资金投入，则意味着企业可以获取更大的经济效益。

② 企业流程再造理论的局限性

企业流程再造理论并不完美，还存在其自身难以克服的缺陷，同时随着社会经济的发展，这一理论也要与时俱进、逐步完善。其局限性主要表现在以下两个方面。

一方面，企业流程再造本身是一种较为激进的变革方式，它的实施可能需要推翻原有的、员工已经长久适应的制度规则，甚至会损害一部分人的既得利益，因此这一过程存在着一定的困难和风险，在实施前需要做好充足的准备，如进行思想理念宣导、制定保障企业正常运转的预案等。

另一方面，企业流程再造理论中全盘否定传统企业分工方式的思想是片面的。就目前我国大多数企业的组织架构来说，传统的分工方式还发挥着重要的作用。而在未来的企业流程再造中，即使企业取消职能部门，转向以流程为核心，仍然会存在一定的分工协作机制。因此，全盘否定传统的分工方式并不是企业流程再造的最佳方案。

（2）企业流程再造的发展趋势

企业流程再造理念经过多年的发展完善，其内涵也在不断丰富，包括向着企业能力再造和企业文化再造两个方向扩展，以下进行简要阐述。

① 从业务流程再造扩展到企业能力再造

业务流程再造本身是一项长期进行的系统性工程，但在过去一段时期内，我国的部分企业仅仅将它作为一个阶段性项目，受这一观点影响，业务流程再造对企业发展起到的作用非常有限。进入 21 世纪后，随着社会经济发展和技术进步，生产关系改革的步伐逐步加快，有必要更加重视业务流程再造在提升企业竞争力方面发挥的作用。另外，企业可以以业务流程再造作为主要推力，促进其他方面能力的再造与提升，企业能力的再造有利于企业维持竞争优势，实现持续发展。

② 从业务流程再造扩展到企业文化再造

企业文化建设对业务流程再造有着重要影响，良好的企业文化能够有力推动业务流程再造的顺利实现，而消极的企业文化会为业务流程再造带来巨大阻力。

员工适应新的业务流程要求的过程，也是转变固有观念的过程，而在我国企业变革管理制度的过程中，往往容易忽略企业文化建设，如果员工缺乏迎接转变的主动意识，则企业改革将难以达到预期效果。因此，企业应该重视相应的企业文化建设，在推进业务流程再造的同时也要进行企业文化再造，提高员工的思想认识，从而使业务流程再造顺利推进，促进企业发展规划目标的实现。

1.4.3 流程再造的核心思想与主要内容

企业流程再造作为一种提升企业竞争力、加强企业内部管理、创造更大经济效益的有效手段，已经在发达国家得到了普遍认同与广泛应用，在发展中国家也被逐步推广。企业流程再造不仅适用于一般企业，也适用于我国国有企业，有着广泛的参与主体，随着这一理论在我国企业中的推广应用，其理论体系也会不断丰富与完善，从而更好地指导改革实践。因此，企业流程再造是我国推进企业改革的重要手段，也是我国企业改革的必然选择。

下面我们重点阐述流程再造的核心思想，如图1-12所示。

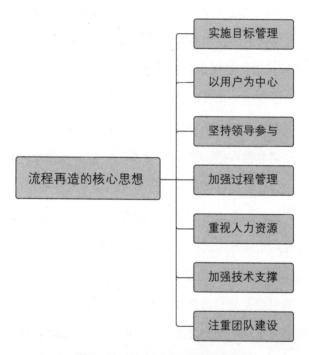

图1-12 流程再造的核心思想

（1）实施目标管理

对企业来说，目标管理能够有效优化用户服务，提升用户满意度，进而帮助企业获取更大的收益，因此企业往往会在流程再造的过程中加强目标管理以最大限度地优化流程，进而达到减少成本、提高质量、提升业绩以及优化经营管理等目的。

（2）以用户为中心

用户是企业流程再造的基础和关键，企业会围绕用户来展开一系列流程再造工作，通过对用户的分析来精准把握用户需求，并根据用户的实际需求对各项流程进行调整和优化，进而提高用户满意度。

（3）坚持领导参与

由于流程再造能够影响企业未来的发展，因此企业的管理层和决策层必须积极了解当前的市场经济情况，并深入把握自身的运营情况，打造良好的信息交流和资源共享环境，为企业各部门员工提供信息学习和应用等方面的便利，大力推进企业知识库建设。而企业领导的参与也能够大幅提高管理流程再造的精准性和高效性，帮助企业以最快的速度最大限度地扩展流程的增值内容。

（4）加强过程管理

企业在推进流程再造的过程中需要进一步强化过程管理，具体来说，企业应增强各个部门之间的协调性，加强不同环节、不同人员之间的联系，以便凭借良好的团队协作实现整体化运营，避免出现各方职责不清、互相推诿、敷衍塞责等情况。

（5）重视人力资源

企业在进行流程再造时应充分利用人力资源，加强员工专业知识技能培训，提高员工的专业素养和技术水平，同时也要为员工提供舒适的工作环境和良好的工作氛围，增强员工的归属感，提高员工在企业各项决策中的参与度，以激发员工的工作积极性，提高员工在工作中的主动性和专注力，进而达到强化自身市场竞争力的目的。

（6）加强技术支撑

技术是企业推进流程再造的基础，因此企业应进一步加强先进技术应用，充分发挥技术的作用来采集各类信息，并加强信息共享，为企业内部员工使用信息提供方便，提高信息的利用率，让各个部门的员工都能够充分利用各项信息来为用户和社会提供超值服务。

（7）注重团队建设

在流程再造过程中，企业要加强团队建设，实现信息交流和共享，增强企业各部门之间的协调性，并打造深入人心的企业文化来凝聚人心，同时也要提高员工在流程再造过程的参与度和积极性，以便借助良好的团队协作来优化产品设计，提高质量控制水平，进而为自身实现高质量发展提供助力。

综上所述，企业流程再造需要在充分考虑各个流程之间的逻辑相关性、科学性和合理性的基础上对流程整体进行设计和创新，它与企业运营的多个环节密切相关，是企业实现信息化发展的重要环节。

1.4.4　企业流程再造的设计路径与方法

流程设计是整个企业流程再造活动中的关键一环，这要求设计者充分了解企业业务运行情况、业务需求和企业发展目标，同时还要具有一定的创造性，注意各环节之间的"动态逻辑"，从而制定出合理的流程再造设计方案。

（1）企业流程再造设计的起点

企业经营活动的过程也是不断满足用户需求的过程，企业流程再造应该将满足用户的实际需求作为出发点，以省时、降本、高效为导向，为用户提供高质量的产品和服务。同时，由于一个企业不可能完全满足所有用户的需求，因此企业需要找准自身定位，根据其主要用户群体的特点和企业自身的定位确定相应的战略方向。

企业需要综合自身能力、优势和外部环境条件进行战略定位。此外，战略定位需要明确产品市场或受众群体特点，基于市场需求、用户特点等要素确定企业所能提供的产品和服务，从而实现企业战略定位向企业战略目标的转化。

（2）企业流程再造设计的准备工作

企业流程再造的目的是提升企业竞争力，促进企业在市场竞争中持续发展，因此要求所设计的流程方案具有一定的前瞻性，而流程设计者要具备一定的创新性思维，这样才能突破既有流程的局限。创新思维首先植根于对企业发展目标和业务流程的深入理解，其次辅之以积极求知的态度。

① 深入理解企业发展目标和业务流程

深入了解企业当前业务运行状态，有助于设计者发现现有流程中的问题和弊病，针对需要解决的问题并结合企业发展目标搭建新的流程框架。绘制企业的业务流程图时，设计者要从用户和企业两个角度出发，一是站在企业的角度上发掘用户需求；二是站在用户的角度上评估企业业务流程的合理性，判断是否能够真正满足用户的要求。只有从不同的视角进行思考，才能设计出合理的流程再造方案。

② 秉持积极求知的态度

流程设计者需要怀有积极求知的态度，才能保障新流程达到预期目标。企业流程再造是一个长期的系统性工作，在实施过程中必然面临着问题和困难，这就要求设计者积极寻找导致问题的根本原因，基于各环节、各项业务和不同群体间的逻辑联系，有针对性地设计解决方案。

（3）企业流程再造的设计方法

一般来说，根据企业流程再造的基本目标和变革程度，主要有系统化改造现有企业流程和业务流程的全新设计两种实现方式，如图1-13所示。

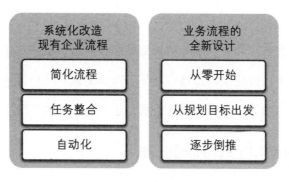

图 1-13　企业流程再造的设计方法

① 系统化改造现有企业流程

对现有流程进行系统化改造，需要充分了解现有流程和业务运行情况，发现其中存在的问题，从而有针对性地对现有流程进行整合与重塑。这种方法的优势在于可操作性强，对企业经营活动的干扰较小，风险也相对可控。其改造步骤包括但不限于以下三个方面：

- 简化流程：尽可能地简化流程，是企业进行流程再造的重要切入点之一。具体实施领域如沟通，建立一定范围内的自下而上的直接沟通机制，减少层层传达带来的信息不对称风险，且沟通语言尽量简明扼要、清晰易懂；程序，评估现有程序是否存在理解和执行上的困难；技术，解决相关技术运用中存在的问题。
- 任务整合：对简化后的业务流程进行评估，判断其是否可以合并处理或派专人处理；同时对未简化的任务进行整合，以保证整个业务流程顺畅运转。
- 自动化：在简化与整合业务流程的基础上，将技术含量较低的、不需要人工操作的流程进行自动化升级，从而提升企业流程的自动化程度。

以上所述是企业实现流程再造的基本步骤，在实际应用过程中，要基于对实际业务运行情况的深入了解，针对具体细节问题提出解决思路，并团结相关成员共同贯彻执行,以实现新流程的落地应用。

② 业务流程的全新设计

对业务流程进行全新设计是一种变革程度更大的流程再造方式,顾名思义,这一方法不再使用企业的现有流程,而是从零开始重新设计企业开展业务的方式。它有助于完全革除现有流程中存在的问题,大幅提升企业绩效,但同时也伴随着更高的风险。其基本思路是从企业的规划目标出发,逐步倒推来进行流程方案设计。在设计时需要明确以下问题:

- 企业的战略目标和任务是什么?
- 企业的服务对象是谁?需要满足其怎样的需求?是否与企业的战略目标一致?
- 用户在什么情况下需要企业的服务?如何确定最优的经营时间范围?
- 企业在多大区域范围内提供服务?
- 针对上述问题,需要怎样的业务流程?

解决了上述问题,即可基本构建出全新设计方案的框架,其余细节问题可在后续进一步探讨完善。

企业流程再造是社会经济发展一般规律的具体体现,也是深化我国企业改革的必然选择。企业在发展过程中,可以融合运用自身整体结构优化、企业流程再造和企业体制改革等方式,增强自身能力和综合竞争力,实现企业的长远可持续发展。

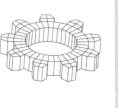
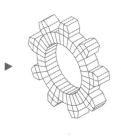
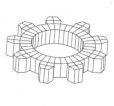

第 2 章

数智赋能篇

2.1 流程变革：流程数字化的转型方向

2.1.1 信息化：流程数字化转型的基础

随着人工智能、大数据、云计算等技术的发展，数字化赋能逐渐向社会经济生活的多个领域拓展。在企业经营方面，可以将数字化技术引入业务流程管理中，将项目审批、部门人员间的沟通互动、会议、审查监督等流程活动转移到线上平台，改变企业原有的运营模式，实现流程运行方式的数字化转型，进而大幅提高作业效率，为企业战略目标的实现提供有力保障。

数字化流程与传统流程的不同之处在于，信息化、自动化和智能化程度是前者的主要衡量标准（如图 2-1 所示），这与现代各类数字化技术是紧密相连的。

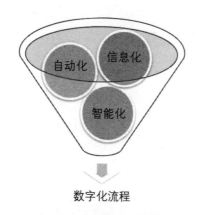

图 2-1 数字化流程的主要衡量标准

美国权威市场咨询机构 Forrester Research 于 2017 年首次使用"数字流程自动化"（Digital Process Automation，DPA）一词，并在此后发布了多篇与之相关的主题报告；全球权威 IT 研究公司 Gartner 于 2019 年提出了"超自动化"

（Hyperautomation）概念，并将其列入战略技术趋势榜单中；咨询调查机构 IDC 则在报告中使用"智能流程自动化"（Intelligent Process Automation，IPA）一词，报告指出，IPA 已逐渐成为优化、加速产业价值链的重要解决方案。

虽然各机构使用的术语不同，但在相关报告中都表明：以信息化、自动化、智能化为特点的业务流程数字化是企业流程转型的重要方向。下面我们首先对流程信息化进行简单分析。

所谓"信息化"，是计算机软件技术和网络信息技术发展的产物，通俗地说就是"线上化"。流程信息化即将传统的依托于纸质表单的流程工作方式向线上转型，相关业务的沟通、对接、审批等活动都在线上系统中进行。信息化系统是一种涵盖多种业务职能的功能系统，其功能包括生产管理、销售管理、采购管理、财务管理、会议管理、办公自动化管理等。线上系统的运用是企业流程信息化转型的基础。

信息化系统经过数十年的升级换代，在企业的业务运行、流程管理等方面发挥着越来越重要的作用。不过，就端到端流程的角度来看，目前多数企业的不同流程环节是在相互独立的系统中完成的，缺乏一条贯通所有流程的信息化活动链，不利于整体业务流程的整合优化与信息共享。另外，受制于成本因素，在一些较为复杂的业务流程中，其线上功能系统不能为业务活动提供有效支撑，流程信息化转型缓慢。不同流程环节的信息化程度也有所不同，还有部分环节是在线下进行的。

端到端流程的信息化是流程数字化转型的基础。企业需要努力将各部门、各环节、各流程的工作方式向线上转移，利用各环节之间的关联性并结合相关业务要求和流程规则，对信息化系统功能进行灵活配置，促进信息资源调用与共享，为后续的流程自动化奠定基础。如果企业通过电话或社交软件来传递信息和派发任务，而业务运行还是依托于线下纸质文件或电子表单，则无法实现真正的流程数字化转型。

随着全要素流程管理方法论（Element-Based Process Management，EBPM）

等数字化智能管理平台的推出和发展升级，企业的流程信息化转型成本也会随之降低，有助于推动实现真正意义上的全业务流程线上管理。

同时，流程信息化可以为构建集成多种功能的线上管理系统提供条件，基于相关业务流程规则，实现端到端的从流程触发、路径选择到任务派发及执行等全流程的贯通，从而大大降低人力资源和时间成本的损耗，大幅提高业务运行效率。当前，我们已经向数字化流程管理的时代迈出了重要一步。

2.1.2 自动化：流程机器人时代的来临

流程自动化并不仅仅是流程任务的自动执行，实际上，流程自动化意味着从开始到结束（或起点到终点）所有环节的自动化。具体包括流程触发、路径选择和任务派发、任务执行、风险与质量监控四个方面的自动化，如图 2-2 所示。

图 2-2 流程自动化的内涵

（1）流程触发的自动化

在数字化流程系统的触发机制分类中，一般可以分为时间引发、活动引发、指标引发、需求引发四种类型，具体介绍如下。

- 时间引发和活动引发都比较容易实现，如当符合所设定的时间或活动内容要求时，即可自动触发流程。
- 指标引发实现的前提是构建数字化指标监控系统，其触发机制相对复杂。
- 需求引发是目前实现难度最高的触发机制，基于业务需求的多样性和灵活性，要求系统能够自动判断是否存在相关需求。

例如，在发票报销流程中，如果系统将相关事件判定为"需要报销"，则可以触发"报销类别选择""提交报销申请""报销审批"等流程，但难以确保触发时间的正确性。目前，部分企业可以基于已上传的电子发票自动触发报销流程，但提高其自动化程度还需进一步实践与探索。

流程触发机制类似于人类的神经网络，原始信息、判定信息的传递机制将影响整体流程运行的敏捷性和可靠性。可靠性体现在系统是否能够针对事件做出符合需求的、正确的判断；敏捷性则主要体现在相关事件能否被迅速触发、迅速处理，各环节是否能够迅速流转。

（2）路径选择和任务派发的自动化

随着物流领域相关技术的进步，自动化物流小车在数字化智能仓库中得到了广泛应用，其自动运行的流程如下：控制平台根据相关算法和物流作业需求，向物流小车发送目的地等任务指令信息，接收到指令的物流小车按规划路径自动前往，每趟运输任务完成后将接收新的任务。

数字化流程的运行与上文提到的物流小车有相通之处：任务小车获取任务指令后，在既定的流程路径上自动运行，每一个流程节点相当于物流小车到达的目的地，流程节点相关负责人对任务小车装载的业务内容进行处理（如自动审批、自动驳回等），当该节点负责人处理完成后，任务小车将根据系统指令要求前往下一个流程节点。需要注意的是，"任务小车"承载的业务内容可以灵活变动，并非某一固定全流程路径专属。

随着相关流程管理算法的进步，数字化流程系统的任务自动派发功能、流程节点自动处理功能将不断改进，其任务派发对象（或流程节点负责人）可能不再是真正的员工，而是能够自动完成相关业务处理的"机器人"。

（3）任务执行的自动化

就现阶段来说，任务执行自动化技术还不成熟。基于流程任务类型的复杂性和多样性，其完成度要求、要达到的预期效果、执行标准也不尽相同。且受限于系统算法的智能化程度，需要输入明确的操作规则和判断标准，任务执行模式相对固定。当出现系统算法未覆盖的特殊情况时，自动执行机制就会失效，进而增加流程运行中的不确定性风险。

目前，有研发人员试图通过引入图像识别（OCR）、语音识别技术（ASR）及人工智能等技术，将文本、语音等信息进行数字化转化，并结合机器人流程自动化技术模拟人工操作（如删除、复制、粘贴、输入信息等），实现任务的自动执行。随着计算机算法技术和信息数字化技术的进步，任务执行的自动化程度将进一步提高。

（4）风险与质量监控的自动化

在努力实现业务流程自动运行的同时，还需要建立相应的风险质量自动监控机制，这也是流程自动化的重要方向。

其基本思路是基于业务流程规则和算法，实时提取任务流转过程中的相关信息并进行验证，如有异常情况（如数据缺失、任务处理超时等不合规问题）将及时反馈和干预。其技术关键在于对提取数据的迅速处理及判断，若发现问题，要在下一环节完成之前进行干预，并尽可能降低对流程运行效率的影响。如果在流程完成后才发现中间环节的疏漏，已执行的任务环节和后续返工都将使成本增加；而如果下一流程执行前需要耗费较长时间等待验证结果，则会降低整体流程运行效率。

2.1.3 智能化：技术驱动流程管理变革

近年来，企业信息化建设的步伐不断加快，各种信息化的应用系统逐渐取代人力成为新的生产力，并大幅提高了流程效率，但这也带来了运行数据量的爆发式增长。业务流程的运行数据具有分散化的特点，对存储空间的要求较高，且难以被充分利用，因此企业需要借助商务智能来对这些数据进行处理。

商务智能是一种通过数据分析来实现商业价值的方法，它融合了数据仓库、数据挖掘、多维分析处理等多种数字化技术，能够集成各项数据并进行分析处理，将这些数据转化成有价值的信息，以便企业利用这些信息提高自身的决策水平和执行效率。

近年来，商务智能的应用范围越来越大，部分企业开始使用商务智能来进行业务流程管理，分析业务流程运行日志等业务系统的运行数据并从中挖掘有价值的信息，从而进一步强化企业的业务流程管理。随着商务智能在业务流程管理中的应用日渐深入，流程智能逐渐成为企业实现流程智能化运营过程中不可或缺的技术。

（1）流程智能化：数字技术驱动流程变革

流程智能化建立在流程信息化和大数据技术、人工智能技术深度融合应用的基础上，可以说，流程智能化是流程自动化的高级阶段，它可以在流程触发、路径选择和任务派发、任务执行、风险和质量监控等环节中自动识别和自主思考判断，对特殊情况进行灵活处理等。

在信息识别与数字化方面，企业可以运用图像文字识别、智能字符识别（Intelligent Character Recognition，ICR）、自然语言生成（Natural Language Generation，NLG）等技术，实现用户发票相关有效字段、合同内容、表单数据等文本信息的数字化输入，满足不同部门的流程数字化需求。

如从票据、单据中提取的财务数据可以用于报税及发票报销；从简历中提取的信息可以导入人力资源管理系统，便于企业对员工档案进行管理；从合同中提取的文本信息可以用于自动化审批并存储为数字化档案等。

在自主思考判断方面，企业可以运用大量的案例和模型帮助人工智能进行深度学习，模拟人的思维方式，并获得一定程度的逻辑判断能力。如可以在保险公司的理赔流程中引入智能评估机制，通过人工智能对既有数据进行分析，判断理赔保单是否具有欺诈风险,如果不存在欺诈风险,则进入RPA自动执行环节;如果存在欺诈风险,则转到人工审查系统中。智能审核评估系统的运用,可以帮助保险公司减少经济损失。

(2)流程智能重构企业经营模式

随着企业信息化管理工作的不断推进,企业管理层必须明确自身业务流程中存在的不足之处,并进行业务流程优化,解决业务流程中存在的各项问题,以便在业务流程方面为企业实现高质量的经营管理提供支持。

流程智能是企业实现数字化运营的保障,其能够从多个角度分解业务流程,并创新业务流程分析方式,全方位监控业务流程中的各项关键性能指标,优化企业运营方式,切实提高企业流程运营的智能化水平。

具体来说,流程智能解决方案能够为企业的业务、运营和成本带来不同程度的影响,如图2-3所示。

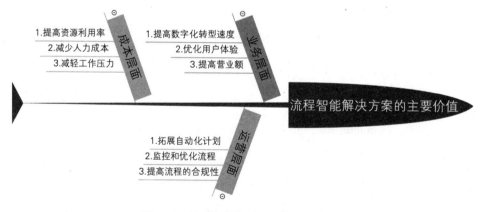

图2-3 流程智能解决方案的主要价值

① 业务层面的影响

- 提高数字化转型速度:流程智能能够为企业的数字化转型提供助力,帮助企业找到合适的转型方式,以便企业通过数字化转型来提升投资回报率、明确上市时间,并进一步增强投资的可拓展性。

- 优化用户体验：流程智能能够强化用户体验与企业内部流程之间的联系，帮助企业找到用户的实际诉求，并减小流程差距、化解流程偏差问题，以实现对用户体验的优化。
- 提高营业额：流程智能能够通过显示隐藏流程的方式来寻找新的交叉销售或追加销售的机会，同时升级业务开展方式的方法，并积极优化开展业务的方式，紧抓销售机会，提高企业的营业额。

以汽车行业的某个供应商为例，该企业利用流程智能统计并对比分析位于不同地区的各个工厂的效率，在完成工厂间的效率对比分析后，该企业还会根据分析结果对生产流程进行优化调整，避免工厂因存在流程偏差而产生效率低下等问题，进而借助流程智能实现全方位的数字化转型。

② 运营层面的影响

- 拓展自动化计划：流程智能具有数据分析功能，能够对企业的自动化潜力、频率和预期投资回报率等数据进行分析，并找出影响企业实现流程自动化的各项要素，进而帮助企业进一步理清整个自动化流程的优先级。
- 监控和优化流程：流程智能的应用有效提高了流程的可视化程度，同时也有助于企业找出影响流程效率的各项因素，明确返工周期，评估各项关键绩效指标和自定义指标，进而帮助企业实现对流程的实时监控和优化。
- 提高流程的合规性：流程智能能够以自动化的方式帮助企业实现对流程的合规性检查，以便企业根据检查结果有针对性地优化流程，提高流程的合规性，这不仅能够为企业降低人力成本，还能够有效提高流程合规性检查效率，并全面处理流程中存在的各类合规性问题。

以某大型审计公司为例，该公司利用流程智能实现了对整个流程中所有审计数据的全面掌控，同时还能够迅速获取多维度的流程状态图，及时发现流程中存在的审计风险,高效检查流程的合规性,进而提高材料准备效率,节约材料准备时间。

③ 成本层面的影响

流程智能的应用能够帮助企业实现流程自动化,提高资源利用率,减少需要人工来完成的工作,减轻流程专家和业务团队的工作压力,进而帮助企业实现减少成本支出的目的。

以某电信公司为例,该公司利用流程智能提高了采购流程的数字化、图表化和可视化程度以及人为交界点在移除和优化方面的效率,进而在大幅减少成本支出的同时提高了收益,实现了投资回报率倍增。

综上所述,流程数字化转型是未来企业管理模式发展的重要方向,它要求企业运用图像文字识别、语音识别等智能技术,将线下信息转化为线上数据,通过智能算法自动引导流程推进,其目标在于促进流程管理模式优化,从而节约人力,大幅提高工作效率和工作质量。

2.1.4 【案例】数智技术重塑业务运营模式

企业的数智化转型是指企业依托于新一代信息技术、通信技术、计算机技术、智能感知技术等,对其经营控制的全场景、全领域、全链路进行数字化、智能化改造,进一步优化业务流程和管理方式。数智化技术在生产、运营、营销、管理等环节的应用,能够充分发挥现代技术对企业发展的放大、叠加、倍增作用,大幅提高企业的运营效率,增强企业综合竞争力。从宏观层面来看,企业的数智化转型还有助于推动我国经济的高质量发展。

打造符合企业实际需求的数智化平台是企业实现数智化转型的必要条件。平台首先要具备数据服务能力,即按照一定的数据标准,对企业运行过程中的各种数据进行采集、存储、计算,并兼顾数据安全问题;在此基础上,需要融合知识图谱、机器学习、数据可视化分析、机器流程自动化等智能技术。因此,数据智能平台是数据中台和 AI 中台的协调统一。

下面我们从业务支撑的角度,结合相关案例,对数据智能平台赋能企业运营的具体实现方式进行分析。

(1) 案例 1: 火山车娱

火山车娱是字节跳动依托火山引擎专门针对车载终端推出的车机应用产品。其基于火山引擎成熟的智能推荐算法,调用字节跳动内容生态(来自抖音、西瓜视频、懂车帝等应用)中的优质音视频资源,为智能座舱用户提供多样化的、高质量的车载信息娱乐服务。

从数智化应用的角度来看,火山车娱的核心技术在于强大的智能推荐算法,它可以精准识别用户需求,并有针对性地为用户推荐个性化内容,从而大幅提升用户的娱乐体验,还可以增强用户黏性,形成较为稳定的用户基础,以此实现收益增值。

随着汽车行业的数智化发展,汽车将成为连通城市服务与生活娱乐的重要载体,并为乘客提供更丰富的、多样化的出行服务。而火山车娱等应用产品的接入,有助于大幅提升人们的驾乘体验,为汽车企业创造新的业务增值空间。

(2) 案例 2: 思迈特软件

银行信用卡业务运营的过程会产生大量用户交易、账单核算等业务数据。针对数据可能存在的源数据质量差、运营智能化不足、分析效率低下等问题,思迈特软件通过建设"业务数据集市",对数据进行科学管理,为后续标准化地进行数据分析打下了基础;同时,系统搭建了可定制、可视化、自助式的业务分析平台,结合相关权限管控机制,为业务人员提供灵活的数据分析服务,以辅助银行充分挖掘潜在市场需求,进一步拓展业务。

整个银行信用卡业务数据处理系统主要分为省内数据平台、业务自助分析平台、营销管理平台三大部分,同时也代表着数据流转的三个阶段。省内数据平台涉及与总行下发数据的对接（如信用卡信审、信用卡前置、个人营销、金融客管等系统）和信用卡数据业务集市，主要对数据进行采集、存储与管理，发挥了数据中台的作用。

在此基础上，管理人员可以在业务自助分析平台中定制多种分析主题，例如交易日统计、账户收入、ETC 发展、现金分期风险排查等；除了既有方案，还可以通过组合分析、透视分析、数据导出等方式，根据需求灵活定制分析主题，从而辅助银行全面了解信用卡业务的发展情况，合理制定营销策略。

对银行信用卡业务数据处理系统进行完善的过程也是相关业务流程数智化程度不断加深的过程。对数据的全面分析，是 AI 中台功能的体现。在这个过程中，业务数据从业务系统进入到数据中台、AI 中台，再贯穿到营销管理系统，由此完成了数智化赋能闭环，可以为银行信用卡业务发展产生重要的推动作用。

2.2 数智驱动：数字化流程的实践路径

随着大数据、物联网、云计算、人工智能和区块链等新兴数字技术与各行业融合程度的不断加深，各行业与各领域均不断加大对各项先进技术的应用力度，扩大新兴技术的应用范围，利用新的技术应用革新人们的生产生活方式，通过提高政务、交通、教育、医疗、旅游等领域的数字化和智能化程度的方式来为人们的工作和生活提供更多的便利，同时驱动数字经济快速发展。

以智慧政务领域为例，以流程为重要驱动力的数字化转型加快了政府部门实现政务服务集中办理的速度，通过推动政务服务"一次登录、全网通办""只进一扇门""只跑一次"等方式来简化办事流程，提高办事效率，解决企业和群众办事的难点。不仅如此，政府部门的数字化转型也具有一定的示范作用，为各行各业的企业推进数字化转型提供了参考。

对企业来说，应深化对数字经济发展趋势的认识，提高数字化转型的速度，探索能够有效提高生产效能的方法，并在国家战略的指导下大力发展数字经济。从本质上来看，企业数字化转型就是利用数字化技术对企业的业务和管理体系进行革新，并借此创造出更大的价值。流程全面连接企业业务的各个环节，良好的流程管理能够有效提高企业的价值创造能力，未来企业也可以通过业务流程重塑来为数字化转型提供支持。

为了实现持续提效，企业需要加强对各项数字技术的应用，革新管理模式，并通过流程管理来推动数字化转型工作。在实际操作过程中，企业应推动流程要素数字化、流程流转数智化及流程管理数智化。下面我们将一一进行分析。

2.2.1　路径1：流程要素数字化

流程是为用户创造价值的相关逻辑活动的集合，流程要素主要包括输入、活动、结构、输出、用户和价值。一般来说，企业在流程管理过程中通常会借助流程要素标准化和流程要素信息化来实现流程标准化，并通过在线处理业务流程的方式来确保流程运作的高效性。进入数字化时代后，企业将流程管理的重点转移到业务对象的全量、全要素连接方面，并借助数字孪生技术提高业务流程在物理世界和虚拟世界中的协同性。企业可以采取以下方法来实现流程要素数字化：

- **全量采集流程数据**：企业应识别和定义整个流程中所有的数据要素，并通过建立数据采集点的方式来采集和记录整个流程中产生的所有数据。
- **构建流程要素状态模型**：企业应基于流程的全域、全量数据构建融合了智能识别与分析技术的流程要素状态模型，并利用该模型实现对审核、审批、会签等多种流程状态的识别，从而达到提高流程节点效率的目的。
- **共享流程要素数据**：企业应驱动流程中的各类要素数据实现融通和共享，并利用流程要素数据的共享来为流程问题分析和流程提效提供支持。

2.2.2 路径2：流程流转数智化

近年来，人工智能、大数据、云计算、5G通信等现代化技术的成熟与落地，对产业变革的促进作用更加显著。同时，随着"网络强国""数字中国""工业4.0"等战略实践持续深化，我国经济进入了新的发展时期，企业在把握机遇的同时也面临着挑战。

从外部环境看，新技术的发展带来了新的业务模式，市场竞争的核心不再仅仅是产品的竞争，还拓展到了服务领域。用户适应产品的模式正在逐渐改变，企业要及时响应用户需求，为用户提供个性化、定制化的高质量服务。

从企业内部看，不断加剧的市场竞争要求企业优化运营模式，积极推进经营管理等各环节的信息化、数字化、智能化转型，改变现存的组织层级多、流程环节复杂、经营成本高、远离用户、对市场动向反应滞后等阻碍因素，以及时调整经营路线，优化升级管理流程，提高企业整体运营效率，从而在激烈的市场竞争中占据优势地位。

下面我们从流程流转数智化的角度，具体分析企业数字化流程落地的实践策略。

流程流转数智化就是利用数字技术对流程进行优化，并将业务过程转移至线上，提高流程流转的智能化程度，进而达到确保业务运营的高效化、业务决策的高质量的目的。现阶段，许多企业已经将各类数字化技术融入对生产、销售、采购、财务和办公自动化等方面的管理当中，并将大量端到端流程转移至线上进行管理。但企业中也存在许多风险管控要求高的流程，这类流程即便经过优化也难以变得简练，这就导致企业无法有效提高此类流程的人工管理效率。

基于数字技术的流程流转数智化能够为企业实施流程再造和流程优化提供助力。具体来说，企业若要实现流程流转数智化，就必须借助各类数字技术来提高流程触发、路径选择、任务执行和质量监控等环节的智能化程度，并通过对数字技术的深入应用来实现自动触发流程、自动规划流程、自动选择流程执行者、自动派发任务等功能，与此同时，企业还要在已经对流程运行的规则和算法进行预设的前提下利用数字化技术实现对流程运行效率、流程运行质量的可视化自动监控和自动预警。

流程流转数智化革新了流程优化方法，通过使用数智机器人和改变流程节点中的任务的方式大幅降低了人力在流程中的参与度，帮助企业减少了在人力方面的成本支出，不仅如此，数智机器人还具备自学习和秒级执行的优势，因此数智机器人在流程中的应用能够有效提升流程流转的效率，同时帮助企业规避风险。

2.2.3 路径3：流程管理数智化

流程管理数智化就是在流程要素数字化和流程流转数智化的前提下进一步优化流程管理体系，并结合数字化的管理思想和管理方法等构建全新的流程管理体系架构，从而提高企业的流程管理能力和流程管理水平。

在数字化转型过程中，企业不仅要进一步明确流程管理的目标、对象和组织架构，理清流程调整等方面的各项规则，掌握具体的管理要求，还要积极构建流程综合数字化管理平台，并利用该平台完成对整个流程管理体系的设计、发布、执行、治理、优化等工作，提高各个流程的可视化、可控化和可管理程度，增强企业满足用户需求和适应市场竞争的能力，确保企业运营的稳定性和高效性。

在构建流程综合数字化管理平台的过程中，企业应加大对以下两项内容的重视程度。

（1）流程管理指标体系

流程管理指标体系是助力企业实现流程管理数智化和流程质量评估规范化的标准体系，因此企业应加快构建流程管理指标体系的步伐，在严格遵守战略性、聚焦性、综合性、可比性和易获取性等原则的前提下，构建以价值为导向、以充分发挥流程为企业和用户创造价值的作用为目的、以整个流程中所有阶段的关键价值属性为指引的流程管理指标体系。

与此同时，也要对流程的效益、效率、质量、风险和满意度等进行全方位的考虑，根据不同的场景和环节整合端到端的各项流程监控指标，为实现对整个流程的全面管理提供助力。

（2）流程监控模型

流程监控模型是企业实现流程管理数智化的重要工具，因此企业应在具备较为完备的流程指标体系的前提下构建融合大数据和人工智能等先进技术的流程监控模型，并通过对流程监控模型的使用来提高流程管理在指标数据分析环节的自动化程度、在问题预警环节的智能化程度以及在展示监控结果环节的可视化程度，确保流程分析的全面性和高效性，及时发现并处理企业在流程效率和流程质量方面的问题，进一步增强企业发展的稳定性和可持续性。

为了顺应数字时代的经济发展趋势，企业需要积极探索和学习数字化转型相关知识，并大力推进以流程为主要驱动力的数字化转型工作。具体来说，企业应以为用户创造价值为目标开展流程管理工作，以革新为流程管理的主要思想来推动流程管理走向数字化，并将整个流程中的核心主干流程作为流程管理的重点来推进数字化转型工作，同时也要对自身实际情况进行深入分析，并在此基础上加强对各项数字化技术和数字化工具的应用，让流程能够充分发挥效能，进而确保企业在数字化转型过程中稳步发展，并借助数字化技术来进一步优化用户体验。

2.2.4 数智化流程建设的原则和步骤

企业的数智化转型是一项涵盖战略规划、组织架构、运营模式、企业文化等方面的系统性工程。企业的数智化转型应该以内部管理为出发点，即首先变革企业流程管理方式，并且以数智化流程、数智化工具的应用为落脚点，构建数字化的智能管理平台，最终实现企业的数智化转型。

数智化流程不仅仅是线下流程向线上的转化,而是以企业业务需求为核心,依托于人工智能、大数据、云计算等数智化技术,以场景化应用为切入点,发挥流程载体的驱动作用,促进各业务环节的高效协同与数字化改造,从而提升运营效率,以数智化赋能企业增值。图2-4为数智化流程内核图。

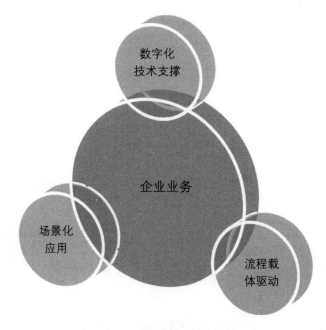

图2-4　数智化流程内核图

下面我们具体阐述数智化流程的建设原则与建设步骤。

(1)建设原则

坚持以人为本,即关注用户需求,从全场景、全流程进行全面统筹,缩减中间环节,推动组织架构的扁平化转变,从而促进各环节协同推进,并以价值创造为导向,实现流程运行向着数字、智能、高效的方向转变。

① 以人为本

通过对用户行为数据的科学分析,充分了解用户需求,并基于此对相关流程环节进行优化,为用户提供满足其需求的更为便捷、高效的产品或服务。

② 全面统筹

从企业运行全生命周期的各要素出发进行统筹规划，实现各环节的高效衔接以及各参与要素的信息共享、同步建设与同步运营。

③ 价值导向

运用 ECRS（Eliminate、Combine、Rearrange、Simplify）分析法、5W1H（Why、What、Where、When、Who 和 How）分析法等流程优化方法，调整组织架构，提升流程运营效率，从而为企业创造更大价值。

（2）建设步骤

数智化流程涵盖了管理流程、运营流程的变革。以下将对数智化流程建设"五步走"（如图 2-5 所示）的方法进行阐述，为企业提供流程建设参考路径。

图 2-5　数智化流程建设"五步走"

① 步骤 1：流程优化

流程优化注重对流程本身进行变革，是企业进行数智化流程建设的基础。相关数字技术、智能技术的应用，可以有效提高流程运行效率，促进各要素的协同，并使流程更符合实际业务需求；同时，在改革过程中能够从全局角度掌握各要素、各环节的基本运行情况，为后续流程改革和业务规划提供参考。

针对不同步骤和环节，有多种工具和方法可利用，例如上文提到的 ECRS 分析法和 5W1H 分析法，另外还有 PDCA（Plan、Do、Check 和 Act）循环法（如图 2-6 所示）和流程图分析法等，可以根据实际业务情况选择合适的工具和方法。

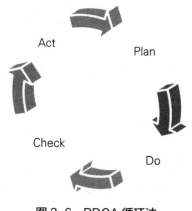

图 2-6 PDCA 循环法

② 步骤 2：要素数字化

企业在优化流程的基础上，可以着手进行端到端的流程各要素、各环节的数字化，包括纸质表单及文件数据的录入、存储、管理等工作，并利用线上图形、表格等形式呈现数据分析和统计的结果等。

③ 步骤 3：应用智慧化

应用智慧化模型的搭建通常以场景化应用为切入点，即贴合具体场景应用需求，构建具有一定智能化、自动化功能的算法模型，如数据分析模型、应用识别模型等，依托于算法实现各环节自动流转，在一定程度上替代人工作业，从而有助于降低人力成本，提高运营效率。

④ 步骤 4：机制建设

在进行流程优化与智能化建设的同时，企业需要针对其中暴露出的问题和可能存在的风险制定标准要求，建立保障机制（如职责划分、组织建设等），以保障数智化流程高效、可靠地运行。具体措施包括编制流程手册、完善考核体系等。

⑤ 步骤 5：可持续发展

企业的数智化流程建设要想真正落实到业务中并实现可持续发展，就要根据市场环境、企业发展情况、业务变化同步进行调整，因此需要建立相应的评估与监督机制。例如构建科学的评估体系，明确评估方向（包括执行效率、运营收益等），定期开展评估、审查工作，针对不足之处进行改正、优化。

流程是企业实现运营生产的重要载体，而数智化流程建设是企业进行数智化转型的重要抓手。转型与发展是相互促进的，数智化转型不可能一蹴而就，发展后的转型也不能一成不变。企业需要积极跟进新业务、新技术的演进步伐，基于自身需求并利用有利的政策条件、市场条件，因时制宜、因地制宜地进行流程管理改革，以数智化赋能企业高质量、可持续发展与效益增值。

2.2.5 【案例】京东：驱动生鲜产业数智化转型

广西是我国与东盟开放合作的重要窗口，而广西南宁的吴圩国际机场更是起到了重要的桥头堡作用。2021年，京东云助力北京金达在广西南宁打造中国—东盟一体化交易平台（简称"JDT1"）。该平台以吴圩国际机场的原T1航站楼为中心，由北京金达投资建设智能型专业化生鲜产业园区，并依托于京东数智化供应链能力，共同推动大湾区生鲜贸易、电子商务和仓储物流等多产业的数智化转型。

生鲜产业需要重点解决供应链冗长和生鲜品控问题，因此需要高效的供应链管理机制，以促进各环节协同衔接，从而缩短生鲜产品的经营周期，降低整体运营成本。"JDT1"以AI软硬件技术赋能生鲜产业链的解决方案，能够对供应链的多个环节进行数智化改造。例如：

- 在分拣、运输与配送环节，依托于智能控制系统能够进行精准的分单、运营与物流设备的高效调度，分拣机器人、无人机、配送小车等可以代替人工自动完成作业。
- 在仓储管理方面，基于对仓储数据、订单数据和园区智能监控设备的综合运用，可以实现自动分析与管理，包括仓库路径优化、异常识别预警等。

- 在供应链管理方面，基于相关交易数据的整合分析优化供应链模式，可以实现商品的智能补调。此外，在订单管理、门店管理等其他方面，也能有效提升管理水平。

"JDT1"平台的建立，有助于充分发挥消费互联网和产业互联网的优势，促进供应侧和需求侧的精准匹配，压缩供应链的中间环节，提升生鲜商品的供应链效率，并为其提供质量保障，提高交易效率。这也是传统生鲜贸易模式数智化转型的体现。

京东云基于云原生架构应用的技术体系，提供了覆盖架构设计、应用开发和部署运维等全生命周期的一整套符合生鲜产业实际需求的解决方案，它集成了现代数字化、智能化技术，在保障相关业务流程自动化、高效率推进的同时，还能够不断深度学习、不断优化迭代，快速适应复杂业务的处理需求。

2.3 流程智能：数据驱动的业务流程模式

2.3.1 理解流程的传统方法及问题

流程是企业生产经营的命脉，也是企业运作的基本行为规范。流程既影响着企业能否顺利完成产品的生产、包装、计价、运输、交付、销售等工作，也在开票、付款、生产规划、设备维护、软件更新、人才招聘、人才培养等环节中起着重要作用。

业务流程中的各个环节都能够对企业的产品交付效果、过程风险、工作效率、业务质量等造成影响，因此企业可以通过对流程的优化来提高工作效率和业务水平，同时降低过程风险并减少成本支出。在推进业务转型的过程中，企业应提前对各项业务转型相关工作进行解码,以便明确转型的目标、业务流程的具体内容以及流程中需要进行优化调整的部分。大多数企业存在对业务流程的运作方式理解不到位的问题,因此无法充分掌握员工、数据、应用程序三者之间的互动方式。

流程映射、流程挖掘和流程发现是理解流程的传统方法,但这些方法均存在许多不足之处,难以充分满足企业在理解流程方面的要求,如图2-7所示。

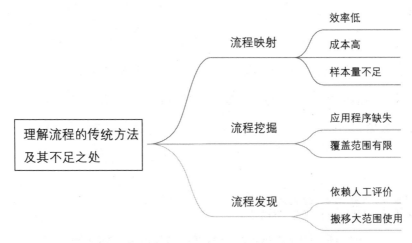

图2-7 理解流程的传统方法及其不足之处

(1)流程映射

流程映射需要第三方顾问团队以人工作业的方式对整个流程进行跟踪和记录,并与企业员工进行交流,同时也对员工进行监督。流程映射存在效率低、成本高、样本量不足等缺点,因此难以满足大型企业在理解流程方面的要求。

(2)流程挖掘

流程挖掘是一种以用户和具体系统交互为基础对工作过程进行记录的技术,能够存取应用程序日志文件并从中提取有用信息。但流程挖掘存在应用程序缺失的问题,如缺少电子邮件用户端中所进行的程序,因此覆盖范围十分有限,难以满足企业在理解流程方面的需求。

（3）流程发现

流程发现能够在软件用户界面中对工作流程进行追踪，并记录各个用户对同一数据库实施的各项操作。流程发现能够在离散子结构分析环节当中发挥重要作用，但同时也对人工评价结果有着较高的依赖性，因此难以大范围使用。

以上三种理解流程的传统方法均能够记录部分过程视图和过程在单个时间点的执行快照，但人工监控会干扰企业员工对该过程的实施，不仅如此，企业在使用这三种方法自动抓取应用程序日志文件时还会出现流程步骤缺失的问题，如漏掉人工完成的流程步骤、有限应用程序集之外的流程步骤等，且手工流程图和人工评估在信息呈现方面也存在许多不足之处。

流程数据不准确、不完整、即时性低等问题为企业转型带来了巨大的困难，因此，对企业来说，需要在以数据为导向的同时降低自身对直觉数据、不完整数据、孤立数据等的依赖度，提高各项决策的科学性和有效性，进而达到通过业务转型来持续提高绩效水平的目的。

理解流程的传统方法难以帮助企业绘制出完整、全面的流程运行图。为了提高决策的有效性，企业需要充分掌握所有的流程数据，同时，这些流程数据应具备可得性强、完整度高、实时性强、离散程度高等特点。

2.3.2 基于流程数据的智能化变革

流程数智化能够自动且持续地采集企业所有系统中的流程数据，并准确直观地展示出企业流程的现状，大幅提高企业流程的可视化程度，进而优化业务流程，提高业务流程的自动化和数字化程度。由此可见，企业可以通过流程数智化来实现对所有业务流程的全方位了解和全面掌控，并以此为依据对未来的发展情况进行预估，以便做出科学合理的规划。

流程智能化融合了人工智能和计算机视觉等先进技术，能够自动绘制出涵盖所有的应用、部门和流程细节的数字流程图，并在不影响员工和过程的前提下自动新建流程定义文档，同时也可以对流程数据进行大规模采集，以便充分理解各项流程数据之间的关系和实际意义。

企业可以通过流程智能化来提高流程数据的使用率，并根据数据分析结果来提高各项决策的科学性、合理性，进而确保决策的有效性，同时，也可以对过程数据进行整合和清理，以便提高工作记录系统的集中化程度。

随着流程管理理念和智能化技术的进步，实时、全面、可用的数据已经逐渐被应用到流程智能化的过程中，帮助企业提高流程的合理性、工作的效率和决策的有效性。

（1）流程智能化对企业的影响

流程智能化改变了流程理解方式，以数据为主要驱动力的流程理解具有高效性和准确性的优势，能够有效提高企业转型和流程优化的速度和精准度，同时也能大幅提高企业在面对各类问题时的反应速度，帮助企业实现实时有效决策。

除此之外，流程智能化还能够有效整合大量流程数据，进一步增强原有系统、流程和用户三者之间的紧密性，进而提高企业制订转型计划的速度。不仅如此，流程智能化还可以充分利用各项基本元素来降低自动化工作的复杂性，经过流程智能化的企业可以使用机器来代替人力完成多项工作，进而大幅提高流程的自动化和智能化程度。因此，企业可以借助流程智能化来发现流程中存在问题的环节，并通过流程设计和自动化等方式来提高流程效率和流程所创造的价值，从而达到流程优化的目的。

由此可见，流程智能化既能够为企业实现价值工程、系统优化、智能自动化、流程再设计和员工体验优化等目的提供流程数据，也能有效提高企业流程的合规性，为企业实现大范围的流程治理提供支持，进而帮助企业实现高效运营。

（2）流程智能化的主要优势

企业在转型的过程中往往会受到多种因素的干扰，并导致转型工作难以推进等情况。流程智能化能够为企业转型提供大量有效的流程数据，并帮助企业进一步明确自身决策与商业利益之间的关系。

与传统的流程映射、挖掘和发现方法相比，流程智能化主要有以下五项优势，如图2-8所示。

图2-8 流程智能化的主要优势

- 流程智能化的可扩展性更高。流程智能化能够以更快的速度全面采集企业业务流程的各项相关信息，进而帮助企业找出流程中对企业运营影响最大的环节并进行优化调整。
- 流程智能化对流程理解更透彻。流程智能化融合了AI建模和数据收集等先进技术，能够实现以数据驱动对流程的理解，进而增强企业制定切实有效的战略决策的信心。
- 流程智能化具有更快的速度。与传统方法相比，流程智能化具有自动化程度高的特点，能够大幅提高企业的流程运行速度、数字化转型速度和投资价值回报速度。

- 流程智能化具有更高的准确性。在业务流程捕捉环节，流程智能化将传统的人工捕捉转变为智能化、自动化、非侵入式捕捉，这有效避免了人为失误，大幅提高了流程捕捉的精准度，并降低了返工的可能性。
- 流程智能化具有更高的连续性。流程智能化能够通过小样本量和估算的方式来精准掌握业务流程在班次、地点和任务等方面的不同之处，以便企业从自身实际需求出发对业务流程进行优化调整或重新对业务流程展开更具针对性的设计。

2.3.3　全生命周期流程管理智能化

流程智能是商务智能在流程管理领域的应用形式。流程智能融合了多种先进技术，能够在业务流程全生命周期的管理中发挥作用，帮助企业实现全流程、全方位、主动化的实时监控和分析，并为企业掌握业务流程管理相关信息和实施决策提供支撑，同时还能帮助企业有效规避风险，强化业务流程性能。

流程智能系统具有流程优化功能，能够对端到端的业务流程进行持续监控，帮助企业找出影响业务绩效的根本原因，并以此为依据进一步优化流程资源配置，实现对环境变化的精准预测和对已有问题的高效处理，进而围绕企业的战略目标来设置业务流程绩效，为企业达到绩效目标提供助力。

（1）流程智能贯穿业务流程管理的全生命周期

业务流程管理的生命周期可分为多个阶段，如流程建模与模拟、流程装配与部署实施、流程监控、流程优化等，各个阶段之间互相关联，形成闭环，而流程智能能够为业务流程管理的全生命周期提供分析服务。

企业不仅要确保自身所制定的战略正确有效，还要借助业务流程来推动战略落地。对企业来说，可以利用流程智能来实现不同业务的有机融合，为实现战略目标提供保障。在组织层次方面，企业可以借助流程智能进行战略分析和目标分解，并通过将整体战略目标分解成部门业务目标和员工目标的方式来明确各个部门和员工的工作任务，同时在流程管理体系的基础上为战术层、操作层等各个层级实现绩效目标提供充分的保障。

具体来说，流程智能能够在战略层中借助平衡计分卡和仪表盘等工具对企业的运营情况进行实时监控，以便企业了解自身当前的运营策略与战略目标之间的契合度，同时流程智能也能够在战术层中将各部门的业务目标拆解给部门中的各个员工，在操作层中实时监控业务流程和每个员工的实际工作情况。

（2）流程监控

业务流程中的各项指标是企业进行流程管理的基础。具体来说，业务流程中的各项指标能够体现出业务流程的运行现状与业务目标之间的差距，因此企业可以借助流程绩效指标来了解流程的运行状态，以便有针对性地对业务流程进行设计和优化，并确保业务流程有效落地。比如，关键绩效指标是一项能够明确体现出业务流程的实际运行情况和企业的战略执行情况的重要指标，也是企业实施业务流程管理的基础。

流程智能具有业务活动监控（Business Activity Monitoring，BAM）功能，能够在业务流程管理过程中帮助企业监控处于运行状态的业务流程。具体来说，企业中的一线业务人员需要广泛采集并整理整个业务流程中的各项事务数据，并以流程智能等为工具，以多维分析等技术为手段对业务流程中的各项关键绩效指标进行实时监控和深入分析，以便通过报警机制来获取指标预警信息，并及时了解和处理业务流程运行中存在的问题。

（3）流程绩效管理

关键绩效指标能够直观地反映出业务流程的绩效水平，企业可以利用流程智能来实现对业务流程中各项关键绩效指标的实时监控，以便全方位了解流程执行情况，为相关业务人员掌握流程运行现状提供便利，同时也能为企业完成流程优化和流程预测工作提供助力，确保流程运行的高效性，进而达到提高企业绩效的目的。

以流程智能对利润、成本、用户满意度等指标的实时监控为例，企业可以通过对流程智能所监控的各项指标的深入分析来掌握流程的运行情况，并有针对性地采取相应的措施来提高利润、降低成本、优化用户体验。

总的来说，流程智能具有流程数据分析功能，能够从多个不同的维度对流程中的各项历史运行数据进行分析，并帮助企业掌握流程运行总时长、流程运行等待时间、流程运行成本、流程运行中存在的缺陷等各项流程运行相关信息，以便企业所有员工全方位了解流程运行现状和业务绩效情况。

2.3.4　流程智能的技术特点与应用

流程智能能够提高业务流程管理的透明度，并强化流程绩效管理。在流程智能的前提下，企业可以利用仪表盘等监控工具来实现对流程中关键绩效指标的实时监控，进而全面掌握业务流程的绩效情况、运行情况、健康程度、存在的问题以及造成问题的主要原因等，不仅如此，企业还可以充分发挥流程智能的预测作用，评估流程中的各项因素对流程绩效的影响，以便在流程落地前及时对其进行优化调整。

流程智能具有集成商务智能、融合多种技术和管理方法、以业务流程为中心、流程管理透明化等特点，一般来说，能够深入了解并精准把握这些特点的企业往往可以更顺利地利用流程智能来进行流程管理。

（1）业务流程管理与商务智能的集成

从关系上来看，传统的业务流程管理与商务智能之间是互相独立的关系，但由于近年来流程管理不断发展，使当前的业务流程管理与商务智能之间还存在互相融合的关系。对企业来说，可以利用互相融合的业务流程管理和商务智能来采集流程中的各项数据，并通过数据挖掘和多维分析的方式实现对数据的深入分析，从中获取有价值的信息，以便充分利用这些信息为业务流程相关人员的流程设计和流程监控工作提供信息层面的帮助。

具体来说，业务流程管理与商务智能分别从数据和可视化两个层面进行了集成。

① 数据层面的集成

一般来说，企业内部的业务流程相关数据具有分散性的特点，不便于直接进行数据分析，当企业需要分析业务流程相关数据时往往需要先对分散的数据进行集成，再专门建立流程数据仓库。由于部分企业的业务流程管理解决方案和商务智能解决方案来自不同的开发商，因此难以实现有效集成。流程智能技术能够在数据层面集成业务流程管理系统和商务智能系统，因此企业可以利用流程智能技术来为自身分析业务流程相关数据提供支持。

② 可视化层面的集成

仪表盘工具能够实现对流程运行情况的全方位分析，并以交互的方式辅助企业深入分析业务流程，同时仪表盘工具还具备实时监测与报警功能，能够实时监测各项关键绩效指标，并在出现异常现象时及时报警。企业可以利用仪表盘工具来实现业务流程管理系统与商务智能系统在可视化层面的集成，以便充分展示各项相关信息，为企业的业务人员和管理人员把握流程执行现状提供方便。

总的来说，业务流程管理与商务智能在数据层的集成有助于充分利用业务流程中的各项相关数据，提高数据的准确性和完整性，进而凭借高质量、高价值的数据为业务流程分析提供支持。

（2）流程智能以业务流程为中心

流程智能是一项融合了业务活动监控、流程自动发现（Process Automatic Discovery，PAD）、复杂事件处理（Complex Event Processing，CEP）等多种技术和精益六西格玛（Lean Six Sigma，LSS）、全面质量管理等多种流程持续改善

（Continuous Process Improvement，CPI）方法的业务流程管理技术，能够为企业提供业务流程管理解决方案。

流程智能可以在业务流程管理的各个阶段发挥作用，如在设计阶段，借助流程仿真工具优化流程模型；在监控阶段，实时监控业务流程的运行现状，找出流程中的不足之处，并判断业务流程未来的运行情况。除此之外，流程智能还能通过流程挖掘的方式实现对业务流程运行日志的深入分析，并在此基础上构建业务流程模型或挖掘组织模型，进而帮助企业探索出有效优化业务流程的操作方法，为企业优化业务流程提供助力。

（3）流程智能使流程管理透明化

企业可以借助流程智能来实现对流程管理全方位、全流程的实时监控和跟踪，进一步提高流程管理的透明化程度。具体来说，企业可以通过流程管理全面了解流程中的活动、人员、资源、应用系统等所有组成部分以及流程的运行过程，进而找出整个业务流程中的延迟、异常、不增值环节以及存在浪费的环节等，以便及时解决问题并对各个环节进行优化。

例如，企业可以借助业务活动监控实现对端到端流程在企业资源计划（Enterprise Resource Planning，ERP）等各个业务系统中的行为的全方位了解，实时掌握用户订单在下单、配送等各个环节的处理状态、处理时间、等待时间、处理人员和成本等信息。

2.3.5 【案例】网易：基于流程智能的全域营销

如何对用户进行精准营销、降低营销成本，是企业开展营销活动需要考虑的两个重要方面。因此，企业首先要对自身产品和目标用户做出正确定位，并通过相关数据了解整个营销活动的运行情况，如营销动作在不同的时间段或渠道会产生怎样的效果，再根据具体需求，制定合理的营销策略，并配合相应的营销素材，达到精细化营销的目的。

2020年7月16日，网易集团旗下的云计算和大数据品牌"网易云"更名为"网易数帆"，其定位也更加明确，即为企业的数字化转型提供大数据、云计算等方面的服务。网易数帆可以基于企业需求和具体营销场景，构建集智能标签管理、用户管理、互动管理、营销自动化、广告投放、数据分析等功能于一体的企业全链路数智化营销平台，如图2-9所示，对用户习惯、用户需求、投资回报率（Return on Investment，ROI）等数据进行深入挖掘。

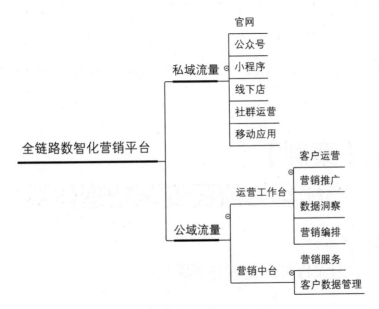

图2-9 网易数帆全链路数智化营销平台

网易数帆全链路数智化营销平台依托于敏捷的研发迭代能力、强大的数据分析能力和智能化的营销决策与执行能力，可以对全渠道、全流程的用户数据进行整合分析，将相关数据通过可视化图表等方式清晰呈现，并对用户群特点进行总结归纳，基于计算结果规划并执行营销策略，从而实现全域营销的数智化赋能。

从案例中我们可以看出，企业相关流程的数智化升级主要有以下特征：

- 基于云计算、大数据等技术，在相关流程数字化、信息化的基础上融合 AI 的深度学习、自然语言处理（Natural Language Processing）、语音识别、知识图谱等技术，赋予系统自动决策、执行的能力。
- 数智化转型意味着在数据的收集、存储、管理的基础上，充分发掘数据的潜在价值，以数据应用为着力点，将从数据中提取的有效信息反馈到业务中，从而优化相关业务流程和业务开展方式，实现业务增值。

企业的数智化转型包含经营管理、企业业务数据智能平台等核心要素，其具体实现路径是通过对相关数据的采集、存储与分析，以数智化能力赋能业务流程管理，使线下业务向线上转化，从而实现对全场景、全业务流程的智能管理。

2.4 【案例】揭秘华为流程变革管理体系

2.4.1 华为流程变革的基本规则

自 1998 年至今，华为陆续开展了多次流程变革工作，并通过一次次成功的流程变革实现了优化流程管理思路、增强管理能力、提高企业整体效益等目的。根据西南证券整理的数据，2010 年至 2018 年，华为营业收入平均复合增长率高达 18.7%；新华财经梳理的数据显示，2012 年至 2022 年间，华为的营收 10 年复合增长率为 11.2%，净利润 10 年复合增长率为 21.96%。除此之外，作为全球领先的信息通信技术企业，华为拥有近 20 万名员工，业务范围遍布全球 170 多个国家和地区，且能够利用流程实现各个员工之间协同工作。

具体来说,华为的流程变革主要包括四部分:

- 明确流程变革的理念和规律,了解基本概念。
- 明确流程变革的规范和模式,认清基本规则和标准。
- 明确流程变革的工具,学会借助工具的力量来推进流程变革。
- 明确流程变革的方法,制定能够科学、合理、有效推进流程变革的具体计划和方案。

(1)华为流程变革的基本规则

从流程变革的基本规则来看,华为的流程变革是一项在战略的引导下围绕用户展开的能够体现出业务本质的重要工作。具体来说,华为的流程变革工作主要遵循以下三项基本规则:

① 流程体系与战略之间存在密切关系

华为在制定中长期战略时通常会将实现战略目标过程中必不可少的核心能力与流程相结合。

② 流程设计以用户需求为中心

华为以价值创造为目标,围绕用户需求对每个流程进行了端到端设计,加强了流程各环节中各项职能之间的联系,充分满足了用户的实际需求。

③ 流程设计体现业务本质

华为在进行流程设计时会使用先进的业务模型来对整体业务运作进行升级,实现业务与流程之间互相承载,最大限度地提高了前、中、后台运作的协调性和一体化程度,使流程能够跨部门横向拉通、纵向集成。

(2)华为流程变革的模式

从流程变革的模式上来看,华为的流程变革符合以下三项要求:

第一，华为围绕用户来推进流程变革工作，优先解决用户的问题，始终坚持"从用户中来，到用户中去"的原则。在用户层面上，华为的流程大致可分成三种，分别是面向运营商的流程、面向政府和企业的流程、面向家庭和消费者的流程。具体来说，华为会将选择权交给用户，聚焦差异化本身，在前端根据用户的个性化需求提供定制化的产品和服务，同时也会将标准化的思想和架构引入后端，参考"铁三角模式"构建起前端面向用户的流程运作模式，进而为用户提供更具专业化的产品和服务。

第二，华为的流程体系全面覆盖业务管理及各项业务要素，使流程能够全方位体现出业务的本质。由此可见，华为在推进流程变革工作的过程中将业务、运营、内控、授权、财经等所有的要素都引入流程当中，实现了业务流程一体化。

第三，华为在组织内部设置与流程相对应的角色岗位、决策体系和考核体系，并在IT系统中固化流程，确保流程运行的高效性和持续性。

2.4.2 华为流程管理的主要内容

华为公司很早就认识到了流程管理的重要意义，并引入了一系列较为先进的流程管理体系，对任何业务活动都规定了明确的结构化流程，并且通过流程优化与改革，让员工从简单重复的、低价值的工作中解放出来，在需要人类主观能动性和创造性的工作中发挥作用，实现了降本增效。

（1）流程管理的核心：流程要反映业务

20世纪90年代末，华为正式引入了居于业界领先地位的IBM公司的流程管理模式，并基于自身业务运行情况，将以部门为主导的流程管理向着以项目为主导的流程管理方向改革，取得了良好的效果。其成功经验表明：流程要反映业务的本质。流程设计要从业务本身出发，紧扣业务的实际需求，构建与业务完整匹配的流程管理体系。

流程管理是一种以业务目标（即流程目标）和用户为导向的，遵循既定的业务流程标准，并落实到具体责任人的推动式管理模式。该管理模式要求处于业务流程各环节的责任人在合规前提下开展业务活动，无论职位高低，都要在规定范围内行使职权并承担责任。流程管理者则需要及时发现并纠正流程运行中存在的问题，确保相关业务顺利、高效地开展。

同时，还要建立与流程管理相适应的数据统计分析和绩效考核体系，将员工各环节的工作完成情况进行量化，科学合理的数据分析是强化流程管理、落实成果责任的重要前提，而用户满意度是重要的评判标准之一。另外，企业有必要提高流程管理的自动化、数字化水平。此外，华为流程管理的成功之处还在于能够根据市场环境变化和业务拓展需求，及时改革、完善流程管理体系，以适应公司发展的要求。

（2）华为流程管理的主要内容

① 流程分类

华为的流程管理主要分为运营流程管理和支持流程管理两大类。前者是公司管理的主要方面，其中涉及战略管理、产品开发管理、供应链管理、用户关系管理等分支，它是为用户创造价值、推动公司有序发展的基础；后者涉及行政、法务等职能部门的业务流程，可以为运营流程的高效执行提供保障。

② 流程架构

流程架构是公司流程管理思路的直观体现。从如图2-10所示的架构图中可以看到，架构中的流程大致可分为三个层次：一级主流程、二级子流程、操作级流程，各流程层次对应不同的管理层级。一级主流程主要涉及高层的战略决策、中层的关键点决策和项目团队端到端的业务管理等方面；二级子流程对应的是基层主管层，要确保职能部门的流程执行满足主流程的需要；操作级流程则主要对基层业务活动进行规范。

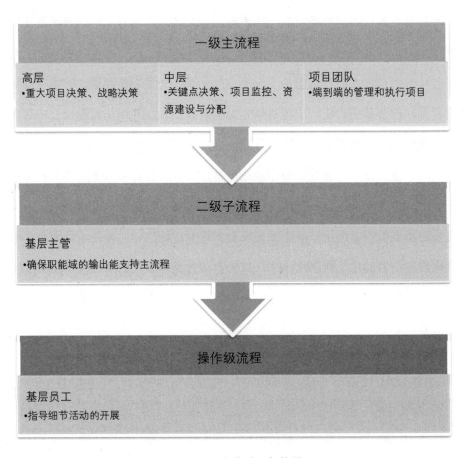

图 2-10　华为流程架构图

③ 构建流程管理体系的四个阶段

流程管理体系的构建可以分为流程规划、流程建设、流程执行、流程运营四个阶段，这四个阶段是循环往复的：

- 流程规划需要解决适应业务需求的流程"要做什么""怎样做"的问题，这就要求管理者从业务的实际需求出发，搭建初步的流程执行框架。
- 流程建设涵盖了流程需求分析、方案设计等环节，确定具体实施方案后，还要进行试点确认。
- 流程执行即将变革后的流程推广至相关部门或执行者，使之赋能具体的业务活动，这一过程可能存在阻力或暴露出部分流程问题，需要及时调整。

- 流程运营即分层授权给流程管理负责人，其职责包括评估流程的运行情况、进行流程绩效管理、提供流程问题的解决方案等，使流程能够与企业业务发展相适应。

④ 业务流程全覆盖

从业务性质来看，华为的业务流程主要分为执行类、使能类、支撑类三大类型，如图 2-11 所示。

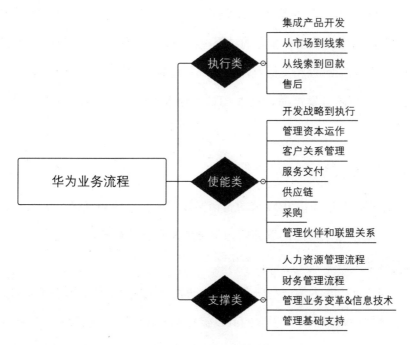

图 2-11　华为业务流程

- 执行类：这一类型的流程与用户紧密联系，业务人员在流程的指导下开展相关业务活动，最终完成与用户的价值交互。由此，执行类流程可以对其他流程提出需求。

- 使能类：涵盖执行类背后的一系列业务活动，例如供应链管理、采购、生产等，用以支撑执行类流程的价值实现，并及时响应执行类流程的需要。
- 支撑类：具体表现为人力资源管理、财务管理等，为公司业务的高效、安全运行提供基础和保障。

2.4.3 华为三大主业务流程体系

集成产品开发、从线索到现金（Leads to Cash，LTC）和从问题到解决（Issue to Resolved，ITR）是华为面向用户的三大执行类流程，也是华为流程变革的重要工具。在流程变革管理的过程中，华为在确保这三类流程稳定运行的基础上理清了使能类流程和支撑类流程内部的逻辑，使得各个流程均能顺利运行，并利用IPD流程来开发产品、利用LTC流程来完成项目交付、利用ITR流程来解决问题。

（1）IPD流程系统

IPD流程系统最先由IBM公司付诸实践并取得了成功经验。华为于1999年正式引进，改革原来落后的以部门为主导的流程管理模式，形成了以项目研发、产品生产等业务活动为主导的管理模式。

在改革之前，华为的产品研发完全由研发部门独立负责，技术方向或研发方向取决于高层决策者。而新引入的IPD流程系统融合了研发流程和支持流程，研发流程面向技术层面，有相对固定的结构化的研发环节；支持流程则涉及市场调研、预算决策等环节，需要市场、财务等部门共同参与，由此，在IPD流程下组成了一支跨部门的研发团队。团队内部必须协同合作，确保在可控成本范围内发挥技术优势，研发出符合市场需求的产品。

IPD流程主要包括市场规划、产品开发和技术开发三部分，通常会从用户需求出发整合多个具有不同职能的团队共同开展产品研发工作。具体来说，IPD流程又可分为需求管理、战略规划、产品规划、技术规划、技术开发和产品开发等六个阶段，如图2-12所示。

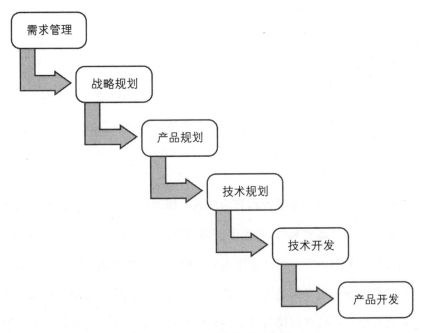

图2-12　IPD流程的细分阶段

① 需求管理

这一阶段要求通过多种途径广泛收集用户需求，并对其需求程度、可靠性进行分析，评估公司是否能在有限时间或范围内满足该需求，同时监督需求的实现过程。

② 战略规划

明确公司的中长期产品开发方向和目标，并进行部署。

③ 产品规划

制定具体的产品开发要求，对短期内的产品开发路径进行规划。

④ 技术规划

规划的目的是在未来发展中维持自身的核心竞争优势，在产品方面表现为对关键零部件的发展规划；在流程管理方面表现为技术预研、架构开发、适配平台开发等。

⑤ 技术开发

准备现阶段产品研发所需要的核心技术、部件等，并构建通用的产品组件库。

⑥ 产品开发

其流程包括产品定位、进度规划、开发实践、性能检测、产品发布等，其目的是根据规划方案和既有资源快速开发出有质量保障的产品。

（2）LTC流程系统

LTC是一种端到端的业务流程管理体系，同时也是一系列面向用户的价值创造业务活动。所谓"端到端"，涵盖了前端销售、后端研发、生产和交付等环节，几乎贯穿公司业务的始终，也是公司人力、物力、资金等成本的主要输出口。

LTC流程改革不是单纯地在原有流程上进行调整优化，而是一种基于用户需求的业务流程重构，旨在促进各环节的紧密衔接，使各项业务顺利开展，为用户提供更高质量的服务。要保证重构成功，有以下关键点值得注意：

- 管理者需要对面向用户的业务流程有深刻理解，以此为基础规定与业务单元相匹配的业务流程。
- 需要有正确的流程变革方法论，充分发挥"销售、产品、交付"铁三角模型的优势。
- 构建与新的业务流程相适应的组织架构和绩效考核方法，同步推进激励机制、风险保障机制的优化变革。

（3）ITR流程系统

ITR流程是华为提出的一种用户服务体系构建方法和管理流程，能够利用端到端的服务高效闭环处理用户提出的问题。ITR 流程系统发挥着售后服务或运维管理的职能，主要可以分为三个步骤：用户需求（或问题）受理、问题解决和需求处理、处理完成与收尾。

① 用户需求（或问题）受理

用户可以通过服务热线、线上服务端口或运维服务人员等渠道提出服务需求（包括问题投诉等），客服接到需求以后，除了记录问题情况，还需要了解用户情况，如是否需要远程服务或现场服务、过往服务记录、合适的需求解决时间等，形成规范的记录文档，完成需求受理。

② 问题解决和需求处理

首先要进行问题定位，然后将记录单据派发给相关问题处理小组（可以由多个部门协同）或负责人，进入问题解决阶段。针对部分技术问题，接到派单的一线工程师先凭借工作经验或知识库系统自主解决，如果问题复杂，则可以联合二线、三线的工程师甚至研发团队或专家共同解决。在服务过程中，可能会挖掘出用户新的需求或二次订单，相关负责人要能够识别并把握机会，推动进入 LTC 流程或 IPD 流程。

③ 处理完成与收尾

需求服务结束后，客服会进行用户回访，相关负责人会对处理结果进行核查，确保问题已经得到有效解决，从而提升用户满意度。

2.4.4　华为流程变革的落地实践

在实际操作环节，华为在流程变革的过程中也尽可能采用了科学合理的操作方式。

在推动流程落地的过程中，华为具体完成了三项工作。首先，理清部门与流程之间的关系，并将其明确体现在组织任命文件当中；其次，在设置岗位时将工作量、岗位职责等因素考虑在内，并严格遵循内控职责分离的原则，进一步加强岗位与组织之间的联系；最后，建立科学高效的决策体系，理清流程、绩效、管理等各个方面的职责关系。

在判断 IT 对流程的支撑能力的过程中，华为具体对以下四个方面进行分析：

- 在财务方面，深入分析 IT 项目的投资收益、运维费用率、科技成本和收入等各项信息，以便精准判断 IT 项目的投资回报率。
- 在用户方面，深入分析 IT 项目的服务品质协议（Service Level Agreement，SLA），以便精准判断 IT 项目所提供的服务品质。
- 在业务方面，深入分析 IT 项目的关键业务保障能力，以便精准判断 IT 项目是否能够支撑关键业务运营。
- 在内部运营方面，深入分析 IT 项目的用户满意度和交付及时率相关信息数据，以便精准判断 IT 在用户服务方面的水平。

在梳理流程的过程中，华为从正向和逆向两个角度对流程进行分析。具体来说，华为内部的每一条产品线都拥有两个流程设计团队，这两个流程设计团队会在对方进行流程规划时"挑刺"，尽力找出对方所设计的流程当中的不足之处。因此，为了确保自身所设计的流程不存在各类问题，双方团队既要对流程进行正向梳理，确保流程的各个环节能够流畅衔接；也要利用逆向思维找出流程当中存在的问题，以便及时对流程进行调整和优化。

总而言之，流程变革会改变企业原本的运行模式，为其带来全新的业务逻辑。为了流程变革的持续性，企业还需在流程变革的过程中进行组织变革和 IT 固化，并以自上而下的顺序进行规划设计、以自下而上的顺序进行优化调整。具体来说：

① 在运行模式方面

企业需要下定决心推动方案落地。比如，华为在流程变革初期花重金从 IBM 聘请了 300 位专家为其提供具有专业性和权威性的咨询和指导，进而提高流程变革方案在公司上下的认可度，以便顺利推进流程变革工作。

② 在业务逻辑方面

流程变革能够让企业的流程沿着从战略到业务再到用户的逻辑顺序逐步推进。对正处于数字化转型当中的运营商来说，原本的流程已经难以满足互联网业务的要求，因此需要根据互联网业务的逻辑来重新对流程进行调整，促进互联网业务价值与流程的深度融合。

③ 在组织变革和 IT 固化方面

企业需要通过明确岗位职责、提高岗位与流程的适配度以及在用户服务、业务交付等多个方面进行设计并考核，以此来确保流程变革具有良好的持续性。

④ 在流程的规划设计和优化调整方面

企业应分别从正向和逆向出发，全力推进流程变革工作，以便及时发现流程中的缺陷并进行弥补。

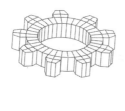
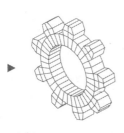

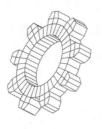

第 3 章

技术应用篇

3.1 RPA技术：机器人流程自动化运营模式

3.1.1 制定RPA数字化战略愿景

RPA是一门基于人工智能和软件机器人的数字化技术，具有快速、敏捷、智能化等特点，能够提高业务流程的自动化程度。企业可以利用RPA来拓宽业务流程自动化的范围，并整合各类业务应用系统，推动业务流程的整个价值链实现自动化。

就目前来看，RPA的发展速度已领先于智能自动化领域的其他技术，相关应用也已经渗透到多个行业当中。RPA技术比其他自动化技术发展速度快的原因主要在于，RPA具有敏捷性高和效率高的优势，能够用更少的时间帮助企业革新工作模式，实现业务流程自动化。

RPA机器人在流程管理中发挥着十分重要的作用，能够帮助企业快速发展。但就目前来看，RPA尚未完全构建起功能全面的自动化生态建设体系，因此RPA的应用范围仅局限于部分企业当中，难以进一步扩大。我国不仅要大力推动RPA试点项目的落地，还要进一步扩大RPA在企业层面的应用范围，并借助RPA的应用来帮助企业发挥出更大的战略价值。

具体来说，企业在使用RPA的过程当中既要充分了解业务流程，掌握相关技术，也要重视业务流程与技术的融合，并为RPA的大规模运营提供强有力的保障，因此企业需要预先确立RPA运营模式，实现对RPA的整个生命周期的全面管理。

RPA运营模式能够帮助企业最大限度地实现业务发展和数字化转型。企业在建立RPA运营模式之前，需要深入学习国内外不同行业企业在数字化建设方面的实践经验和先进思想，并结合自身的数字化转型体系制定能够促进RPA在企业内部大规模落地的数字化方案。同时，RPA运营模式的应用，还有助于构建体系化、企业级的赋能平台，全面提高员工在创新、交付、服务和技术等方面的数字化能力。

现阶段，有许多企业已经开始着手建立RPA运营模式，但这些企业对于RPA运营模式的认知均存在不足之处。具体来说，部分企业在前期并未认识到愿景和战略的重要性，直接推进RPA试点项目；部分企业对各个业务部门的发展诉求的重视程度不够，导致RPA路线图的全面性不足；也有部分企业将RPA当作万能的流程管理工具，误以为RPA能够处理流程中出现的所有问题。

企业若要确保RPA数字化方案的有效性，就必须对RPA数字化方案落地的整个过程进行全面规划，并进一步明确实施该方案的具体策略和最终目的。具体来说，企业需明确实现业务目标的方法、负责实施RPA的业务部门、使用RPA数字化方案的业务部门、各个业务部门的使用场景、跨部门的RPA规划设计方式等与实际策略相关的各项具体内容，以及提高数据质量、减少成本支出、优化用户体验、提高业务交付的敏捷性等目的。

RPA数字化战略愿景与企业的发展战略息息相关。具体来说，当企业所制定的发展战略的重心在用户服务方面时，RPA战略中可能会包括RPA服务企业用户价值实现的具体方法。由此可见，企业在制定RPA战略时应明确关键业务领域，提升各个领域的自动化水平。在业务价值方面，企业所制定的RPA战略应体现出对重要业务领域的重视，并确立绩效评估机制；与此同时，企业还应在组织范围内进一步扩大RPA的应用范围，以便最大限度地发挥RPA的价值。

3.1.2 建立RPA整体治理与管控机制

企业可以根据RPA的愿景和战略目标来确定RPA可以带来的收益，以便为各项关键要素的管理提供指导。目前部分企业中还存在资源冲突，各部门也未就实施方案达成一致，这都不利于RPA在企业中的可持续发展，因此企业需要进一步明确 RPA 在不同阶段、不同部门当中的作用。

一般来说，企业在推动 RPA 落地的过程中会先开展 RPA 试点项目，在这一过程中，企业尚缺乏对企业层级 RPA 发起者进行精准定位的能力，因此常安排低层级的部门来完成 RPA 试点项目，而低层级部门在能力和实践方面的不足也会对后续理解和实施 RPA 造成影响，导致 RPA 项目落地困难。

企业在制定针对不同工具和厂商的 RPA 实施方案时，要确保每个 RPA 实施方案都能够体现出 IT 安全设计、业务合规设计、风险管理设计等多个方面的内容。但部分企业在具体落实过程中，常常会因各类因素的干扰而出现各种问题，因此企业的业务部门和 IT 部门对 RPA 技术应用的态度也不够积极，常常质疑 RPA 技术对企业发展的有效性。除此之外，还有部分企业选择将业务部门中的一个小组织作为 RPA 试点项目的起点，但在选择时却并未选中能够通过 RPA 实现收益最大化的业务部门，因此也难以在 RPA 试点项目中充分发现 RPA 的实际价值。

以上两类企业推进 RPA 试点项目的方式都存在不足之处，无法充分发挥出 RPA 技术的作用，导致 RPA 在企业中的推广受到一定程度的阻碍，限制了 RPA 在整个企业范围内的发展。

由此可见，企业不仅要积极推进 RPA 项目试点工作，还要继续扩大 RPA 的应用范围，并在此基础上建立包括业务价值、科研立项等内容的 RPA 整体治理机制，同时也要对 RPA 在企业层面的业务范围、投资预算、技术架构、实施方案和落地速度等进行全方位规划。

3.1.3 基于 RPA 业务流程的组织变革

在 RPA 运营模式下，组织和人员是企业实现 RPA 自动化方案落地的关键。由于 RPA 落地应用的范围通常限制在企业内部，因此企业需要确保内部组织和人员均对 RPA 项目落地持认同态度，并能够发挥各项技能来支持企业的 RPA 实践。一般来说，企业在进行 RPA 实践时会先开展 RPA 项目试点工作，并投入人员等各类必需资源，但除此之外，企业还要明确各个组织的职责，并专门设立负责处理企业级的智能自动化问题的卓越中心（Centers of Excellence，COE）。

在实现智能自动化的过程中，企业在安排组织和人员方面需完成以下几项工作：

- 明确智能自动化组织的定位和职能，厘清智能自动化与企业的业务部门、IT 部门以及数字化组织之间的关系。
- 提高组织的弹性和人员管理的灵活性，增强组织和人员应对企业内外部变化的能力。
- 打造能够为企业发展提供助力的生态体系，提高企业的外部生态能力，并搭建能够为企业内部员工提供培训和学习服务的赋能平台，提高企业内部员工在智能自动化方面的技能水平。

RPA 的 COE 和企业的信息化部门并不会为业务部门提供业务流程识别、业务流程分析等服务，因此各个业务部门应提升自身能力，以便实现对 RPA 业务流程的精准识别、深入分析以及对需求的准确描述。

一般来说，RPA 分析与流程开发、流程治理之间关系密切，企业可以通过综合使用 RPA、流程再造以及其他各类自动化工具来实现效益的最大化。RPA 的落地应用能够有效驱动企业实现数字化转型，因此企业应不断加大 RPA 的推广力度，并给使用 RPA 的业务部门提供指导，提高各个业务部门对 RPA 的认可度，以便利用 RPA 来获取更大的效益。

在项目实施过程中，可能会出现 RPA 实施和技术等方面的难题，因此企业需要聘请具有丰富的 RPA 实施经验的首席开发人员，并组建能够对企业的未来发展进行科学合理规划的 RPA 实施团队。不过，由于经验丰富的首席开发人员是当前人才市场中的稀缺资源，聘请难度较大，因此企业需要在开展 RPA 项目的初期就培养实施团队的知识管理意识，并为实施团队搭建学习型赋能平台，最大限度地提高团队开发人员在产品开发和过程分析方面的能力，让开发人员能够在 RPA 项目实施过程中同时处理多项任务，进而大幅提高工作效率，快速拉动 RPA 项目的进度。

3.1.4 建立 RPA 项目组合管理体系

企业对项目组合的管理能够有效解决自动化改造在流程识别、流程分类、流程排序和流程选择等方面的问题，提高业务流程的合理性和有效性，进而确保 RPA 项目顺利落地实施。

部分企业在 RPA 落地的过程中出现了许多错误操作，究其原因，主要在于部分企业的业务流程存在标准化程度低等缺陷，难以实现自动化，而且企业在选择实施 RPA 时可能会选择具有非结构化元素的业务流程，这些业务流程在实现自动化的过程中会受到过多影响因素的干扰，导致 RPA 项目无法继续推进。

为了使各个业务流程能够在组织层面最大限度地发挥出自身价值，企业应该加强对项目组合的管理，并不断提升自身的交付能力，实现灵活交付，为自动化流程的落地提供支撑。

目前，我国还未建立针对 RPA 项目组合管理的管理体系，也未形成系统化的管理方法，企业在进行 RPA 项目组合管理时也没有有效的管理工具。而且，部分企业在实施 RPA 项目时存在对业务容量不足、业务规则复杂、具有非结构化数据、数字化程度低的流程过度关注的情况，并常常将这类流程作为实施 RPA 的对象，这会导致企业的 RPA 项目落地成功率较低，也会对企业未来的发展造成不利影响。

企业可以利用 RPA 潜在业务流程评估体系和工具来实现对各个业务流程的全方位了解，并在此基础上精准判断各个业务流程是否适合进行自动化改造，同时也可以构建一个全面的 RPA 业务流程自动化蓝图，并在该蓝图与长期战略目标之间建立联系，以便实现标准化、高效化的项目组合管理。

3.1.5　RPA项目的设计交付与运营维护

为了充分实现RPA业务价值，企业需要提高RPA项目交付平台以及RPA项目交付体系的敏捷性和高效性，确保RPA项目交付过程中的各个关键环节全部实现自动化。对企业来说，在RPA自动化项目成功落地后，还应继续建设规模更大的RPA项目，并确保该项目具有较高的弹性、可靠性和可维护性。

企业需要聘请经验丰富且工作效率高的RPA自动化专家作为首席开发人员对企业的各项RPA项目实践进行评价和指导，并组建跨业务部门的开发团队，确保RPA项目的实施质量。不仅如此，企业在组建开发团队时还应注意整个团队的协调性，实现程序可用性最高，避免未来在程序维护方面花费过多的时间和精力。

除此之外，企业还应提高RPA项目交付和运行的效率，力求在一个月内完成从验证想法到生产机器人的所有环节中的各项工作。从实际操作方面来看，企业既要实现高效沟通，对参与者进行精准定位，也要进一步明确需求范围，统一交付方式，并通过自动化技术的应用来提升自身在开发和维护等方面的能力，进而确保RPA交付的质量。

一般来说，大多数企业在实施RPA项目时会选择逐个开始的方式。RPA项目的交付速度较快，因此企业需要在项目交付后立即投入该项目的运维工作当中。项目运维工作主要包括原有系统定期升级、原有系统突发性升级、RPA被迫维护、业务流程变化、RPA软件升级、服务器操作系统调整、终端操作系统调整等内容。运维对系统、软件、流程等造成的改变会对自动化机器人的工作造成干扰，导致其无法执行任务。为了高效处理运维带来的各类问题、最大限度提高自动化机器人的运行时间、减少在运行成本方面的支出、确保业务流程正常推进，企业需要掌握相关知识技能，并提升自身处理各类突发事件的能力。

技术是企业实现RPA运营管理的前提。RPA技术平台具有弹性化、虚拟化、可扩展、敏捷支付、成本结构透明等特点，通常由RPA开发、RPA测试、RPA上线等几部分构成，能够确保企业监管的合规性。不仅如此，RPA技术还具有安全性高的优势，能够有效避免个人隐私信息泄露的问题，由此可见，合理使用RPA技术的企业可能会在未来获得更强的市场竞争力。

企业在选择RPA技术平台时应先深入了解自身在数字化、信息化方面的实际情况，精准把握当前以及未来的技术和业务发展诉求，并从技术的角度出发对RPA产品特性、自动化产品特性、运行维护产品特性、安全产品特性等内容进行规划和设计。

现阶段，我国只有部分行业内的领军企业在使用RPA运营模式，但未来RPA运营模式的实践将会越来越多、越来越成熟，因此需要探索出符合自身实际情况的RPA运营模式，并进行大范围推广和应用，为企业的发展提供助力。

3.2 IPA技术：开启智能流程自动化浪潮

3.2.1 IPA崛起：企业智能化转型的关键

近年来，RPA技术飞速发展，企业对RPA的需求也越来越高。RPA融合了软件机器人技术和人工智能技术，能够推动企业流程实现自动化，并帮助企业去除大量重复性操作，减少IT成本支出，进而为企业的智能化转型提供助力。

但RPA在业务层之外的领域中所发挥的作用十分有限，因此RPA需要融合自然语言处理、机器学习等多种AI技术升级为IPA，进一步提升企业流程的智能自动化水平。

（1）IPA 技术的概念与内涵

IPA 最早由美国麦肯锡公司于 2017 年提出，实际上是 RPA 技术和 AI 技术的有机融合。RPA 就是使机器人按照设定的流程或规则机械地执行相关工作，通常用于技术含量低的重复性工作以替代人工，例如出勤天数计算、标准化的数据处理等，但无法对不符合规则的事项进行灵活处理或判断。而 IPA 面对复杂任务时，具有更加灵活的自主判断能力，可以替代人工从事更具有创造性的工作，从而降低企业人力成本，有效提升业务运行效率。

如果说 AI 相当于人的大脑，具有一定的思考、学习、判断能力，可以对身体的其他部位下达命令，指挥完成某一件事；那么 RPA 就相当于人的双手，是具体任务的执行者。随着 IPA 技术的发展成熟，未来有可能实现端到端流程全生命周期的自动化作业，不仅可以提高需求响应速度，还能够避免人为失误，有效降低操作风险。

（2）IPA 技术的演进历程

在 RPA 技术应用实践过程中，由于缺乏灵活的自主判断能力，只能按照既定程序进行重复性劳动，所以可应用场景非常有限。尤其是在一些特殊情况下，比如所设计的业务流程本身存在错误，那么 RPA 只会按照错误程序执行，由此可能引发一系列麻烦。AI 技术则赋予了 RPA 能够思考的"大脑"，从而在不断重复的作业活动中积累经验，对特殊事项做出灵活判断，这就实现了从 RPA 技术向 IPA 技术的迭代。我们可以说，IPA 技术从研发到成熟的过程，也是企业真正实现智能化转型的过程。

IPA 技术与 RPA 技术之间存在着基于技术进步基础的迭代演进关系。现阶段还无法对 IPA 的边界进行定义，一般来说，只要是以 RPA 作为底层设计，并融合 AI 技术，都可看作是 IPA 技术范畴。随着 AI 算法的进步，IPA 可以取代人工的应用场景将进一步拓展，甚至能够实现多种 AI 的协同运行，从而显著提升原有流程的智能化水平。

（3）IPA崛起的4大关键点

IPA是企业实现智能化转型过程中的关键技术，对企业智能化转型具有重要意义，IPA崛起的4大关键点如图3-1所示。

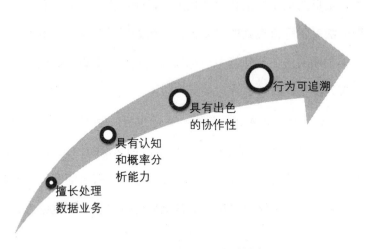

图3-1　IPA崛起的4大关键点

① 擅长处理数据业务

在数据处理方面，IPA拥有优于RPA的性能，既能够处理文本、图像、文档等非结构化数据，也能处理半结构化数据，为数据驱动型企业实现流程自动化提供助力；不仅如此，IPA还具有合同分析、审计规划和报告、需求建议书（Request for Proposal，RFP）分析和组合、销售工作流程自动化、用户支持分析和自动化、评估和索赔分析等功能，能够对以文档为基础的工作流程进行高效分析。

② 具有认知和概率分析能力

IPA融合了机器学习算法和智能分析算法，能够在不使用数据集训练模型的情况下充分利用各项可用的相关信息和上下文之间的联系实现精准判断。这不仅有效简化了非结构化数据的业务流程，大幅提高了此类业务流程的智能自动化程度，也为用户训练机器学习模型提供了方便，用户可以利用通用的知识库或语义引擎来训练机器学习模型,进而实现更加精准高效的概率分析。

③ 具有出色的协作性

IPA 的应用有助于业务人员了解自动化业务流程相关知识,并为业务用户提供用于交付输入的技术环境,为技术人员提供用于实现决策的业务环境,进而达到为数据科学团队和业务人员实现跨领域协作提供强有力的支持的目的,促进双方协作。

不仅如此,许多中小企业也可以进行 IPA 实践,并在实践过程中学习培养机器学习模型和训练机器学习模型的方法,进而为培养和训练属于自己的机器学习模型打下良好的基础。

④ 行为可追溯

IPA 具有行为可追溯的特点,能够提升公式、算法和企业业务运营的可视化程度,并对真实环境的标识进行定义,进而确保数据科学团队和业务团队实现互相配合,密切协作,提高 IPA 和业务之间联系的密切程度。

3.2.2　IPA 的核心技术与应用场景

就目前来看,IPA 智能流程自动化的热度正不断升高,发展速度也越来越快,IPA 逐渐成为自动化技术领域的热门技术。随着 RPA 机器人的广泛应用和人工智能技术的快速发展,IPA 技术在认知学习方面的能力将进一步提高,数据感知功能和数据汇总功能也将不断升级,为企业提供智能化程度更高的数据模型、自主化程度更高的平台服务,提高企业在数据融合、决策制定、决策发布等方面的智能化水平,为各行各业的企业实现智能化转型提供助力。

(1) IPA 的 5 个核心技术

IPA 之所以能够开启智能流程自动化浪潮,离不开其所应用的核心技术,如图 3-2 所示。

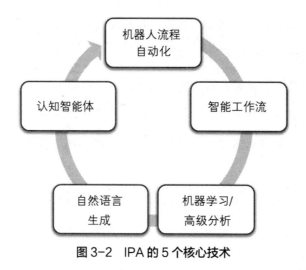

图 3-2　IPA 的 5 个核心技术

① 机器人流程自动化

机器人流程自动化是 IPA 发展和应用的基础。RPA 机器人能够简化工作流程，提高工作流程的自动化程度，并在数据层面为人工智能提供有效支持，从而为 IPA 技术的落地应用打下良好的基础。

② 智能工作流

IPA 技术在流程管理中的应用既支持人机协作，也支持用户实时启动，同时还能够对端到端流程进行监控，为企业掌握端到端流程现状提供帮助，不仅如此，基于 IPA 技术的流程管理工具还能对用户切换、新旧流程切换等功能进行管理，并实现对工作流瓶颈问题的管理。

③ 机器学习/高级分析

IPA 融合了机器学习技术，具有监督算法和无监督算法，能够有效识别结构化数据中模式的算法。具体来说，监督算法需要提前利用原有结构化数据集的输入和输出来学习，以便确保模式识别的准确性；无监督算法能够直接根据结构化数据判断出模式。

④ 自然语言生成

自然语言生成技术以管道传输的方式将结构化的性能数据传输至自然语言引擎当中，并观察结果数据自动编写并生成包含内部管理报告和外部管理报告的自然语言文本，实现人与技术的无缝交互。

⑤ 认知智能体

认知智能体融合了机器学习算法和 NLG，具有工作、学习和交流的能力，能够像人一样进行情感共鸣，在情感监测的基础上进行判断，可以像人一样与企业员工和用户进行交流。

（2）IPA 技术的 5 大应用场景

IPA 技术在企业中的主要应用场景包括：

① 发票处理自动化

大型企业的供应商较多，各个供应商所开出的发票在格式和内容等方面均存在差异，且通常会包含许多非结构化数据，使用传统的方式处理这些发票，效率较为低下。IPA 技术能够在不针对不同类型的发票设计多种模板的前提下实现对发票的精准识别，因此企业可以利用 IPA 技术来识别各式各样的发票，并从中获取有价值的信息。

② 邮件管理自动化

IPA 技术在邮箱中的应用能够大幅提高邮件处理的自动化程度，让企业邮箱实现自动收件。具体来说，基于 IPA 技术的邮箱收件自动化既能采集事项请求信息，也能对 PDF、电子表格、Word 文档等附件中的信息进行提取和处理，并将这些信息输入相应的下游系统当中，为下一环节的信息处理提供方便。

③ 用户启动

IPA 具有数据分类和数据提取功能，能够提取出用户启动文档中的各项非结构化数据并对其进行分类，并将经过分类的非结构化数据输入企业的数字管理系统当中。对企业来说，使用 IPA 来处理用户启动文档中的非结构化数据能够大幅提高数据处理的效率和精确度，进而达到优化用户体验和提升企业效益的目的。

④ 工资核算

IPA 技术在工资核算中的应用有助于企业提高工资核算的效率和准确性。与人工核算相比，基于 IPA 技术的工资核算不仅能够节约人力资源，保证数据录入的准确度，提高核算效率，避免出现因工资延迟发放造成的员工不满等情况，还能对不同系统中的员工数据进行核查，判断各个系统中的员工数据是否正确，并精准计算每位员工的实际出勤时间，根据出勤时间对员工的工资进行增减，同时高效管理各项福利，实现端到端的工资支付自动化，进一步确保工资发放的准确性。

⑤ 用户服务

基于企业需求研发的客服机器人能够全面掌握用户偏好、订单、产品等信息，并为用户提供相关数据，但当其面临具有跨系统、复杂度高等特点的工作时，仍旧需要将工作任务转移至后台交由人工来处理。IPA 融合了 RPA 技术和机器人技术，增强了客服机器人在任务执行方面的能力，能够自主完成取消订单、调整交货时间、改变订单数量等工作，进而优化消费者的消费体验，降低线上客服人员的工作压力。

3.2.3　IPA 驱动企业财务数字化升级

财务领域不仅是与企业运营密切相关的重要领域，也是企业最需要进行数字化转型的领域之一。将 IPA 技术应用于财务领域，能够大大提升企业财务的自动化、智能化水平，驱动企业财务实现数字化升级。

（1）IPA 革新传统财务工作

基于财务工作的特点，RPA 技术适用于工作量大、有较高重复性、操作单一且规则简单的业务流程；IPA 技术则在账务数据整理统计、自动转结凭证、对账等环节的应用中体现出高度的适应性，可以代替人工完成大部分重复性高、处理规则明确、操作流程固定的任务。此外，AI 技术赋能下的 IPA 机器人还具备一定的判断和决策能力，能够进一步拓展可应用的业务场景。

RPA 技术和 IPA 技术能够自动整合不同平台、不同系统的业务数据，并进行分析利用，二者的融合应用能够解放人工劳动力，降低因失误带来的合规风险，大幅提高财务处理质量和效率,并产生极大的成本效益,推动实现会计工作的数智化转型,促进 RPA 和 IPA 技术在财务会计领域迅速得到推广并不断迭代升级。

(2) IPA 给财务工作人员带来挑战

随着 IPA 技术在财务领域的深化应用,财务从业人员也应不断提高自身业务能力,以适应流程变革与企业的发展。一般来说,财务人员的基本工作内容围绕"票、账、表、款、税"5 个字展开,即查验发票、整理账目、出具报表、收付款、纳税申报等。而在未来,当 IPA 财务机器人发展到相对成熟的阶段,这些基础工作可能被数智化流程完全取代。

根据调查显示,部分会计师事务所机构在聘用大学毕业生时,不仅仅追求具有较强会计、财务专业能力的毕业生,具备科技背景或具有一定技术素养的复合型人才更容易受到青睐。IPA 技术的推广可能使传统会计从业者面临失业风险,但从宏观上看,技术进步使机器逐渐取代人工劳动,并促进企业运营流程变革,是社会经济发展的客观规律,也是必然趋势。另外,从简单的、重复性工作中转移出来的劳动力资源,可以投入到更有难度、更为复杂、具有更高价值的工作中,例如基于企业财务数据的分析,进行合理的预算规划、成本核算,完善绩效管理机制,对投资决策进行评估,制定科学经营规划方案等。换言之,IPA 技术在对财务人员就业形势造成冲击的同时,也为其带来了向高级财务管理岗位转型的机遇。

(3) IPA 推动财务共享服务升级

随着新技术的应用和流程管理能力的提高,许多集团公司或大型企业在财务管理领域引入了财务共享服务,通俗地说,就是将集团内子公司、分公司的部分或全部财务业务整合到统一的财务管理平台进行处理,所整合的业务通常标准化程度较高且大量重复。财务业务的整合有助于企业优化财务管理流程、提升管理效率,同时避免了企业在职能建设上的重复投入,从而降低了管理成本。另外,财务共享也是业财融合的基础,有利于企业提升管理水平和抗风险能力,并对未来业务发展进行统一规划。

　　IPA 技术可以作为促进"管理"与"财务"融合统一的"黏合剂",辅助企业实现财务共享服务升级。企业可以通过对整体财务数据的整合分析,挖掘出有助于管理层决策的信息,提高决策的科学性,"管理"与"财务"将成为影响企业决策机制的两个重要方面。IPA 技术的应用,可以促进财务管理流程的数字化与智能化,并进一步从海量数据中挖掘有价值信息,优化资源配置,使数据赋能企业效益增值。同时,企业可以依托相关数据,对未来行业发展、市场环境变化进行预测,及时调整规划发展方案。

　　在新技术不断涌现、生产关系剧烈变革的数字经济发展浪潮中,无论财务人员还是企业,都面临着前所未有的机遇和挑战。财务人员需要提升自身专业素养并丰富信息技术领域的知识储备,才能更好地适应行业变化。而企业需要积极关注新技术带来的形势变化,捕捉有利于自身发展的趋势,有针对性地进行财务规划,为相关技术研发或引进创造条件,从而促进流程管理创新、实现降本增效,为企业可持续发展提供保障。

　　此外,对相关的政府部门而言,可以针对新形势、新业态,出台相关技术标准规范和监管要求,例如统一 IPA 管理系统对接的财务信息口径,以避免因系统不完善造成混乱状态或经济损失,进一步打造良好的市场环境。

3.3 【案例】基于 IPA 技术的智能财务应用

3.3.1　科大讯飞:IPA 报账机器人流程实践

　　科大讯飞在人工智能领域有着深厚的技术积累和广泛的应用经验。基于企业财务管理的现状和痛点,科大讯飞于 2019 年初提出了集成人工智能技术与财务信息化系统的解决方案，即"AI+IT"财务数智化转型策略。该策略针对财务领域的相关业务需求设计了总体框架，并逐步推出了报账机器人、会计机器人、财务机器人等多种智能财务应用。

2019 年，科大讯飞开始研发报账机器人，目标是实现智能填报、智能审批、智能审核及自动支付功能，从而大幅提升企业的报账效率。2021 年，科大讯飞经过研发探索，打造出能够按照会计准则和制度自动记账和处理全盘账务的会计机器人，从而将财务工作者从繁重重复的会计工作中解放出来，为企业创造更大的价值。此外，科大讯飞还计划打造融合计算机建模、神经网络、机器学习等各项技术的财务机器人，实现对企业财务的智能规划、控制和分析，并辅助企业高层管理人员提升管理效能。科大讯飞 IPA 报账机器人流程如图 3-3 所示。

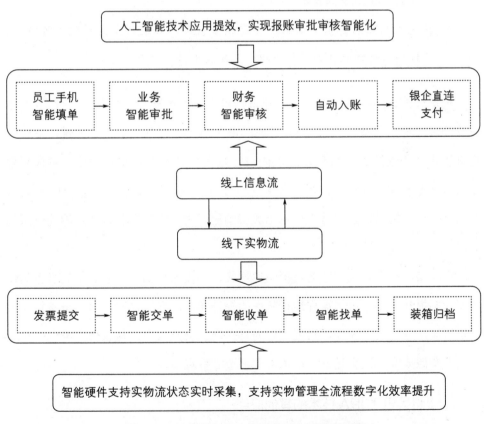

图 3-3 科大讯飞 IPA 报账机器人流程示意图

（1）科大讯飞 IPA 报账机器人应用详解

科大讯飞在 2020 年逐渐将测试中的报账机器人投入使用，实现了报账流程的提速增效。得益于其科学高效的运行机制，该款报账机器人可以实现线上线下同时运行：

- 员工在手机端的报账机器人系统中填报申请信息，并将发票装至附有二维码的信封中，信封按照一定的流程进行流转，借助二维码可以随时追溯到具体流转情况。
- 相关负责人在线上即可查看申请信息，完成审批流程，同时经过深度学习与训练的 AI 系统可以辅助管理者智能审单，根据规则进行自动审批，从而大幅提高审批效率。
- 在完成入账后，企业向员工支付相关款项。如果线上流程无异常情况，二维码信封则会在相关智能硬件设备的支持下自动归档。

根据科大讯飞提供的信息，智能报账机器人在内部投入使用后，仅 2020 年完成处理的报销单量就超过了 30 万笔，员工填报时长平均只需 5 分钟，发票验真查重用时由 5 分钟缩减到秒级以内，完全实现了智能化与自动化，审核提效 52%。依托于 IPA 技术，企业报账实现了线下实物流和线上信息流的闭环管控，仅通过一个二维码，公司就可以对相关报销流程进行实时监督，并追溯检查报销情况。

近年来，科大讯飞的业务规模快速增长，在报账机器人上线后，其财务工作效率大幅提升，其中报销流程运行效率的提升尤其明显。同时，财务审核相关人员也得以从原岗位上脱身，根据需要为其他岗位补充人力，从整体上降低了企业的人力资源成本，这也是 IPA 技术价值创造的直观体现。

（2）科大讯飞 IPA 技术的其他应用

除了报销流程管理，科大讯飞在其他更为复杂的财务场景中也进行了 IPA 技术应用的探索。例如目前仍处于研发阶段的资金对账机器人，其开发逻辑是构建大量模型并运用海量案例让机器人深度学习和训练，使其模拟从事对账会计工作，从而逐渐获得自动化对账的能力，同时对异常账务进行记录和反馈。

科大讯飞对 IPA 技术的应用作出了长远规划，未来还将继续开发可用于辅助财务工作人员记账、审计甚至财务规划的多功能机器人，改变财务人员的工作模式，实现人机协同，进而推动财务管理的数智化转型，助力企业实现高质量发展。

3.3.2　招商银行：IPA 驱动银行数字化

合规是银行的生命线，随着社会经济的发展，银行需要积极推动合规管理体系的创新完善，以应对日益复杂的内外部环境。而如何在健全风险控制体系、遵循合规监管标准、防范金融风险的前提下提高运营效率、提升服务质量和用户满意度，是银行在数字化发展中必然面临的问题。而 IPA 技术的引入可以有效解决这一难题。

运用 AI 赋能背景调查、风险控制等合规管理流程，并构建相关风险测算模型，能够实现智能化的风险评估与流程执行，从而提高工作效率，改善用户服务体验，推动银行业务的数智化转型。

（1）AI 赋能招商银行 RPA 技术

招商银行在 2019 年底开始了 RPA 自主可控、可持续发展道路的探索，至 2022 年其自主研发的 RPA 平台"海螺"已覆盖总行、分行及子公司日常办公、假币识别、外汇业务等多个应用场景，并在行内业务的资金清算、对公账户年检等高价值应用场景中发挥重要作用，大大降低了人力资源成本。

但同时，该平台还不具备完全可靠的自动判断、控制与执行的能力，某些工作由 RPA 平台自动完成后，还需要人员定期核对检查。如果融合 AI 算法，通过大量数据辅助 AI 的深度学习和训练，即可完成 RPA 自动化向 IPA 智能化迭代，真正实现 RPA 技术向数字员工转变，进一步减轻人力负担。

（2）IPA 在银行业中的应用场景

① 报表数据生成、更新

IPA 技术的应用，可以实现智能化的数据提取与验证，例如从不同系统的财务报表中精准提取所需数据，并自动验证更新，如果出现数据错误或其他异常情况，IPA 能够及时预警反馈。

② 可疑交易识别

基于 IPA 技术，可以构建资金安全保障机制。数智化平台可以自动评估用户的交易行为，判断其是否存在异常，如有异常（例如用户短时间内在多个地区或境外消费），将自动干预或中止存在风险的交易行为，在必要情况下甚至可以实时冻结账号。这一方法可以有效保障用户利益。

③ 授信业务处理

IPA 技术可以在授信业务中发挥良好的辅助功能，它可以快速整合用户信息，并结合相关授信模型进行智能化判断，在十分钟内完成背景调查和信用调查，准确评估用户的征信情况，从而大大提高审批效率、缩短业务办理周期、提升银行的服务能力和服务质量，并在提升优质用户满意度的同时降低信贷风险。

3.3.3 德勤：基于 IPA 人机协同的智能审计

在传统的审计作业流程中，审计工作人员可能在数据整理、勾稽核对等环节上耗费大量时间。而 IPA 基于其技术特性，能够在审计行业中充分发挥其优势，促进审计流程的智能化、自动化运行。

其中，AI 技术按照一定的算法和审计规则，对相关任务进行自动判断决策，IPA 平台不仅能够处理大批量重复性工作，还能够完成 AI 下发的指令任务内容。

知名会计师事务机构德勤就开发出了高效实用的智能审计工具。

(1) IPA 助力审计增值的实现路径

从流程角度来看，审计是一项需要多人共同参与的按照特定流程进行的协作活动，其业务性质带有一定的重复性（如大量的结构性审计任务），其中的多个重要环节依赖人的判断决策能力（如非结构性审计任务）。

审计的具体流程通常包括制订审计计划、评估风险、符合性测试、实质性测试和出具审计报告等。RPA 技术能够处理结构性审计任务，例如既有数据自动输入、单一结果输出等工作；赋能 AI 技术的 IPA 系统，则能够处理一部分需要进行判断的非结构性审计任务，例如灵活数据源的数据输入、多个不确定结果的输出和需要推理决策的环节等。

就现阶段来说，IPA 技术还处于初步发展阶段，在具体场景中的应用并不成熟，虽然 AI 赋予了审计机器人一定的认知能力，实现了某些场景中的模拟判断，但还有部分审计环节需要在线下进行，对人工的依赖性依然较强。此外，审计质量与审计人员的职业判断能力密切相关，审计人员需要具备较高的专业水平和丰富的职业经验，才有可能提高审计质量，而在社交洞察、复杂决策等方面，智能技术在短期内尚无法自主完成。因此，IPA 技术将在一段时间内作为审计人员的辅助工具，"人机协同"的工作模式是现阶段审计 IPA 的主要发展方向。

(2) IPA 技术对审计增值的意义

2017 年，德勤会计师事务所就研发出了"小勤人"——一款能够准确识别、获取、分析处理审计资料的财务机器人。随着"小勤人"在国内的推广，其自动化业务处理能力不断迭代、提升，在采集信息、钩稽对比相关业务台账、编制分析报告、编制审计底稿等环节中发挥了重要作用。

2019 年，德勤"小勤人"入驻银行内审部，在对账、成本结转、外部报表填报等流程中实现了自动化运行，同时也在审计文档审阅、审计证据采集、审计底稿填写、审计项目汇报等方面发挥了重要的辅助作用。

IPA技术在审计行业的运用，为其带来了诸多增值效益，具体表现在以下方面：

① 提高审计工作效率

据统计，德勤"小勤人"的应用使单个审计证据的获取时间由原来的平均40分钟缩短到30秒；在审计底稿编制上，单张底稿编制由原来的1.5小时降低到30分钟以下。这反映出，IPA审计机器人能够使审计数据采集、分析、输出环节的消耗时长大幅降低，从而提高流程运行效率。同时，审计机器人可以24小时不间断地工作，快速处理大量重复性的结构化任务，从而使审计周期大幅缩短，促进整体审计效率的提升。

② 提升审计工作质量

在传统的审计工作中，有多方面因素会导致审计风险，影响审计质量。例如审计人员由于疲劳、专注度不足等原因造成的失误；在对审计样本进行抽样或人员沟通过程中，可能存在舞弊行为；审计工作往往需要在紧迫的时间内完成，不利于工作质量的提升。

IPA在降低审计风险、保障审计质量上发挥了重要作用。审计机器人能够全面、准确地识别相关审计信息并进行快速处理，在此基础上完全按照所设定的作业程序和相关参数执行任务，不会受到外部环境干扰，因此其比人工作业更为可靠，有助于降低重大失误风险，提高审计工作质量。

③ 降低审计工作成本

"小勤人"应用于文档审阅、数据采集、底稿填写、到账查询等工作流程中，使得效率提升了数倍至数十倍不等。在部分重复性高、结构化的任务中，其能够替代人工自动执行任务或辅助审计人员决策，由此减轻了审计人员的劳动强度。同时，空余人员可以投入难度更高、人力稀缺的工作中，进而降低人力成本。

另外，基于IPA系统的信息集成平台，企业内部人员可以直接对接、调用跨部门的数据库数据，简化中间流程，并降低沟通成本，有助于审计工作的快速推进。

3.3.4　百旺金穗云：IPA 赋能智慧税控模式

传统的企业税务处理流程较为烦琐，且由于发票开具人员失误、经办人员专业度不足等多方面的原因，发票填写和校验流程效率低下且错误率高，容易造成大量人力成本和时间成本的浪费，因此企业的税控管理流程亟待优化。

随着人工智能、大数据等数字化技术的深化应用，集成了 AI 和 RPA 的 IPA 技术为企业的税控管理问题提供了有效的解决方案。目前，部分税控服务公司已经在开票软件、税控服务应用的研发中引入了 IPA 技术，以促进企业税控管理流程的数智化转型，下面就科技公司百旺金穗云的案例进行分析。

百旺金穗云依托计算机技术、软件技术和智能化技术，打造了面向企业、机构的税控服务云平台，并推出了企业智能财税 SaaS 云系统和慧代账、云开票、税财通等财税服务产品，辅助企业优化税控流程，为其提供高质量、便捷的税控管理服务和数智化的财税解决方案。

根据国家规定，从 2016 年起，纳税人开具发票时应使用具有编码功能的最新版的增值税发票管理系统。在这一背景下，百旺金穗云基于原税务服务系统，整合优势资源，引入 IPA 等技术，为新系统的转型升级赋能。

在传统的发票开具流程中，开票人员需要输入所购买商品对应的 19 位税收商品编码，但受到各种因素影响，容易出现商品类别选择错误、编码匹配错误的情况。百旺金穗云开发的"智能赋码"应用程序可以为纳税人解决编码选择的困难。开票人员只需要在系统的复选框中勾选商品类别等信息，系统后台就可以按照相关模型或规则自动匹配，生成符合商品特征的税收编码，并呈现出编码的匹配度，如果匹配度高于 80%，则意味着其可靠度较高；如果匹配度较低，则需要手动赋码。同时，系统根据正确的赋码结果，对原有数据进行校正，提高匹配的准确度。在这一过程中，IPA 技术起到了关键作用，智能赋码有助于企业提高开票效率，减少匹配错误带来的风险。

第 4 章 业务重塑篇

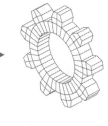
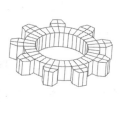

4.1 业务变革：数字化重塑企业价值链

4.1.1 数字化流程转型中存在的问题

从本质上来看，企业的数字化转型就是以重构价值链的方式对管理体系进行数字化革新并实现业务转型。企业可以在提升管理体系的数字化程度的过程中将原本的功能性组织转变为流程性组织，并将各种数字化技术应用到组织建设当中，借助数字化来为组织运作提供保障。

企业在数字化转型的过程中需要实现业务流程化和流程数字化。具体来说，企业应进一步提高整个管理体系的数字化程度，从业务需求入手推动流程与技术深度融合，并重构业务流程，加强组织建设，大力推进数字化建设工作，切实将各项业务由线下转移至线上，实现以流程为驱动力的数字化转型。

许多企业在数字化转型的过程中会在部门层面对业务流程进行梳理和优化，但由于这些企业未对整个业务流程进行全面优化，经过优化的业务流程仍旧难以满足企业在管理方面的需求，也无法充分应对市场变化。对企业来说，若要实现流程的数字化转型，就必须全面梳理各项业务，并利用各种先进的数字化技术对业务流程进行调整优化，进而提高业务流程所创造的商业价值。

未实现数字化转型的企业需要在管理工作上花费更多的时间和精力，对执行流程的主管和员工的自觉性要求较高，也难以确保业务流程高效运行。流程数字化则能够固化流程，简化管理，降低人力成本，因此企业通过推进流程数字化的方式能够优化管理，提高企业管理的数字化和自动化程度，减少企业在管理方面的工作量。

不过，由于部分企业在推进数字化转型工作的过程中缺乏业务变革和端到端的流程思想与方法指导，因此即便应用了各类信息化系统，也难以获得良好的应用效果，同时企业的数字化转型速度也会受到限制。例如，某公司在推进数字化转型工作的过程中所应用的信息系统的运作逻辑与手工业务运作模式基本一致，应用该业务系统前后的管理方式也并无不同，在管理、审批和信息录入环节仍旧采用线下人工操作的工作方式，这就导致业务流程之间出现断点。对企业来说，这不仅没有发挥出信息系统的作用，也未能真正达到流程数字化的目的。

究其原因，主要在于企业未能联通组织、业务、财务、成本等各模块数据，无法保证经营管理数据的准确性，没有有效提高流程效率，也未充分发挥出数字化的作用。

在数字化流程转型的过程中，企业常常会面临以下几项难题，如图4-1所示。

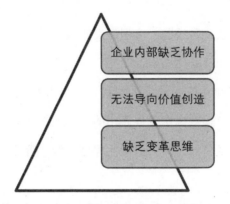

图 4-1　数字化流程转型过程中存在的问题

（1）企业内部缺乏协作

在推进流程数字化建设的过程中，许多企业会忽视端到端流程中各个环节之间的联系，无法确保各环节之间能够协同作用；企业的各个功能部门均具备较高的流程建设效率，但各个部门的流程建设较为分散，缺乏协同性，因此整个流程中存在许多断点和限制，流程的各个环节之间也难以实现高效协作。

除此之外，流程管理也由各个部门各自负责，管理效率和质量低下，但流程运作成本却居高不下。

（2）无法导向价值创造

功能化流程建设是以部门利益为中心的价值创造活动，流程中的各项管控要求都仅服务于各自的功能部门，但难以围绕企业整体进行价值创造。在这种情况下，整个流程将会十分冗长，且内部会有大量控制点，导致整个流程出现效率低下的问题，无法为企业创造价值。

（3）缺乏变革思维

部分企业在推进数字化流程建设的过程中缺乏革新思想，无法充分拉通业务流，也未能优化配套的流程组织、革新业务模式，导致流程的模块化程度较低，无法适应不同的业务场景。不仅如此，这些企业的业务流程还存在主干复杂模糊、末端僵化、操作性差等问题，流程建设和系统应用都是生搬硬套原有的概念和模式，无法在执行环节发挥作用。

现阶段，许多企业在流程建设的过程中仍旧没有充分发挥数字化技术的作用，也没有通过业务模式重构和流程简化的方式来优化业务流程，这些企业的流程往往存在信息化程度较低、决策自动化程度较低、管理层级复杂等问题，难以进一步提高流程效率。

因此，企业在推进数字化转型工作时需要充分发挥流程的驱动作用，并利用数字化技术革新业务流程，优化流程管理模式，进一步提高端到端流程的标准化和数字化程度，构建以数字化为基础的新型企业管理体系。

4.1.2 业务流程梳理与固化

企业在推进数字化转型工作的过程中必须掌握流程重构以及数字技术与流程融合的具体方法，并通过流程优化和流程再造的方式来减少成本支出，同时实现效益最大化。流程、数据和技术三者之间关系紧密。具体来说，流程运行的过程中能够产生数据,数据是流动在流程各环节之间的信息,技术则能够承载和固化流程,并提高流程的运作效率,同时也具有数据传输的作用。

在传统企业的组织架构中,采购、生产、销售、人力、财务等部门均为分工明确的职能部门,各自负责与自身职能相匹配的工作,同时业务流程中的各项信息也只能在部门内部流转,但各项业务活动均无法实现跨部门交流,因此传统企业往往存在信息流通难、部门协作难等问题。

(1)流程梳理:构建端到端业务流程

从技术架构上来看,传统企业的IT系统架构中主要包括采购管理系统、生产管理系统、销售管理系统、人事管理系统和财务管理系统等,这些系统具有功能性、流程固化和独立性的特点,不利于系统间的信息交流和共享,因此传统企业在运营方面存在效率低、成本高的问题。

企业在实施数字化转型的过程中需要对流程进行梳理和优化,并从用户的实际需求出发构建新的端到端的业务流程,进而破除不同流程环节之间的信息壁垒,达到降低成本、提高效率和协同性的目的。

现任华为董事、质量流程IT总裁的陶景文认为,互相独立、互不联通的业务流程在功能上有断点,难以实现高效工作,企业应该在充分考虑全流程、全场景的用户体验的基础上设计业务流程。

从本质上来看,企业数字化转型的过程就是企业通过业务流程重构和价值链重塑的方式进行业务转型并实现业务流程化的过程。因此,华为将数字化转型的重点放在业务流程化方面,从主航道出发持续推动各项关键业务实现端到端流程化,打通并连接价值链中的各个流程之间的断点,强化各个业务流程之间的联系。

以供应链数字化转型为例,华为利用集成化供应链(Integrated Supply Chain,ISC)对供应链的计划流程、订单流程、采购流程、制造流程和物流流程进行重构，破除各个功能部门之间的信息壁垒，并对各个业务流程进行重新设计，进而达到优化业务流程和提升业务管理水平的目的。

（2）流程固化：实现流程信息化

企业在完成业务流程重构工作后，还需借助技术系统完成业务流程从线下到线上的转移工作，推动所有业务流程实现信息化和在线化。企业实现流程数字化的前提是实现流程信息化，实现了信息化，企业就可以利用技术系统采集、传递、存储、处理和分析各类流程数据信息，并从中挖掘出有价值的信息实现流程数字化。

目前，仍旧有许多传统企业存在信息化程度低、流程管控不足等缺陷，不仅如此，这些传统企业还未将业务流程全面转移至线上，未使用数字化系统代替人工记录业务流程相关数据，因此这些传统企业无法高效传递各项业务流程相关信息，导致数据传输效率和数据传输质量均难以得到保障。由此可见，流程信息化和流程线上化能够为企业数字化转型打下坚实的基础。

4.1.3 驱动流程自动化、可视化

近年来，数字化技术飞速发展，并被广泛应用于各个领域。对企业来说，要积极探索数字化技术与流程的融合方式，并利用数字化技术对业务流程进行优化，同时革新企业员工、用户等主体参与流程的模式，高效处理传统业务流程中出现的各类问题。

弗雷斯特市场咨询公司（Forrester Research）认为，对企业来说，IPA 等数字化工具是其实现数字化转型过程中必不可少的重要工具。具体来说，IPA 是一种融合了人工智能和软件机器人的数字化技术，能够根据已经设置好的操作规则模仿用户在 IT 系统界面中进行操作，利用系统和机器人来完成各项工作，进而实现流程自动化。除此之外，IPA 还能将各个系统中的数据搬运到其他系统当

中，破解系统与系统之间的"信息孤岛"难题，实现系统间数据的高效传输。

IPA等数字化技术能够在流程触发、路径选择、任务派发、任务执行等多方面发挥重要作用，帮助企业大幅提高流程的自动化和智能化水平。具体来说，新一代流程引擎具有智慧化、自动化的特点，能够自动完成流程触发工作，数字化系统在流程引擎触发流程后自动整合下一环需要完成的各项工作，并自动将这些工作任务派发给相应的员工和流程机器人，同时还能利用预先设置好的算法精准高效计算流程中的各项实时数据，自动监控当前的流程运行情况和任务执行情况，提高整个流程的可视化程度，实现风险预警，并充分保障任务执行质量。

企业在推进流程智能化工作的过程中需要将机器学习、深度学习等人工智能技术融入业务流程当中，进一步提高IT系统的智能化程度，增强IT系统在认知、思考和逻辑判断方面的能力，并利用智能化的机器人来代替人工完成业务流程中的各项工作，同时也要提高机器人的自主学习能力，进而达到提高工作效率和流程流转效率以及避免人为失误的目的。

以新奥集团股份有限公司（简称"新奥集团"）对IPA的应用为例，由于依托人力工作的业务流程存在工作效率低、交付周期长、员工工作强度大等不足之处，新奥集团在推进财务数字化转型工作时将IPA融入业务流程当中，利用自动化财务机器人来承担部分财务工作。

基于IPA的自动化财务机器人不仅能够精准识别并高效完成具有规则明确、重复性高、吞吐量大等特点的适合机器人处理的工作，而且可以处理部分需要创意和决策的工作。新奥集团利用IPA技术大幅提高了财务部门的工作效率，也让员工避免在重复性工作中花费过多时间和精力，实现了员工价值最大化。

业务流程就是企业创造价值的过程，对企业来说，互相割裂且冗长复杂的业务流程会造成数据壁垒，进而对企业推进数字化转型工作形成阻碍，因此企业进行数字化转型之前通常要先对流程进行优化,并在将整个流程转移到线上的前提下,进一步将数字化技术和业务流程融合,提高流程的自动化和智能化程度,进而达到提升业务运作效率、减少人力成本和优化用户体验的目的,促进企业快速发展。

4.1.4 【案例】美的集团:基于全价值链的数字化改造

以美的为例,美的集团旗下拥有美的、威灵、华凌、美芝、小天鹅等十多个品牌,各个品牌在流程、管理模式、数据标准等方面各不相同,所涉及的IT系统共有100多个,流程中的生产、销售、购买等环节之间互相独立,难以实现有效的信息交流。

因此,美的开展数字化转型的第一步就是梳理业务流程,对各个主要流程进行层次划分,与此同时,美的还组建了由麦肯锡咨询顾问和企业内部的业务骨干组成的新的流程管理团队,并重新搭建整体业务流程框架,推动集团的所有业务流程实现标准化,为成功实现数字化转型奠基。

到2019年,美的利用工业互联网打通了制造端和消费端,进而精准触达用户需求,同时也进一步强化从线索到现金、从订单到现金、从采购到付款、集成产品开发和内部费用转移五大关键流程之间的联系,实现流程与流程间的互联互通。

美的是国内较早开始数字化转型的制造业企业之一,早在2012年,美的就开始整合整个集团内部的数据流程和系统,为后来的转型做准备。经过十多年的数字化沉淀,美的积累了丰富的实践经验,初步实现了生产自动化转型,智能化家居产品开发也走在世界前列。数字化转型需要基于全价值链端到端的整体效率的提升进行支撑和运营,这就离不开互联网化、信息化以及全球化布局。美的先后推进了"632"项目、"T+3"用户订单制新型产销模式、工业互联网等项目,以智能制造、大数据、移动化、美的云、全球化五大IT举措作为支撑,向着精益与敏捷型企业转型。

① 在智能制造方面

建设透明化工厂，建立高度自动化的生产线，使控制中心与机台等设备互联，以工业数据驱动生产运行，从而降低人工操作的误差，大幅提高产品质量和生产效率，并通过数字化系统对生产流程、生产指标等进行实时监控。

② 在大数据方面

在面向企业（to B）的业务场景中，建立产品、订单两条价值链的端到端的分析系统，充分挖掘市场潜力；在面向个人用户（to C）的业务场景中，对市场倾向、消费者需求、购买力驱动等影响消费的要素进行量化统计，并建立相关数据库，为研发、生产提供指导。同时，根据线上线下的大数据整合，进一步优化线上运营机制。

③ 在移动化方面

针对供应商、代理商和 to B 客户端，实现业务的无纸化、可视化、条码化和移动化，通过统一的业务平台，随时随地开展业务，而无须到门店或固定办公场所；针对 to C 客户端，实现用户在移动设备上便可快捷地了解和购买产品、进行售前售后服务预约等；针对一线员工（如导购、业务员、售后工程师等），不用局限于固定办公地点，可以灵活开展业务。

④ 在美的云方面

建立美的云数字中心推动物流云、金融云转型，通过云应用系统平台，构建美的产品生态；搭建涵盖 IaaS（Infrastructure as a Service，基础设施即服务）、PaaS（Platform as a Service，平台即服务）和私有云的云化体系。

⑤ 在全球化方面

推动研发、制造、品牌、运营等全链条向海外布局，促进全球供应链高效协同，支持全球制造，加强海外品牌建设，从多渠道进行营销推广。

4.2 数字化业务流程的系统规划与应用

4.2.1 业务流程数字化应用的优势

随着计算机技术、网络通信技术不断发展，人们的生活节奏、工作节奏不断加快。对于企业来说，传统的依赖纸质单据、纸质文件的办公方式已经无法适应快速增长的业务需求，信息化的工作方式逐渐成为主流。

实际上，通过引入OA（办公自动化）协同办公系统、业务流程管理系统或企业资源计划系统，诸如项目审核、报表审批、报销申请等大部分业务活动都可以在信息系统中完成。其中，业务流程管理系统发挥了基础性作用。信息化系统的应用，可以帮助企业优化业务流程、降低管理成本、提高流程运行效率。

然而，值得注意的是，有的企业虽然引入了信息化的工作方式，但仅仅是将原来的纸质文件换成了电子文档，并没有真正实现流程上的改进和优化，不能为员工和管理者带来方便快捷的工作体验。目前，如何深入挖掘业务流程信息化系统的应用潜力，使其贴合业务需求，为工作效率、工作方式、工作环境带来积极影响，是企业管理者必须深入思考并解决的问题。

（1）传统业务流程管理的弊端

与数字化的业务流程相比，传统的业务流程存在诸多弊端，具有一定的落后性，主要表现在以下方面，如图4-2所示。

① 存在人为失误风险

在传统的企业运行中，日常工作交接、信息传递等琐碎事务都需要人工完成，加上公司组织机构众多、人员来往复杂等，可能出现信息传递不及时、不对称或工作交接遗漏等情况。

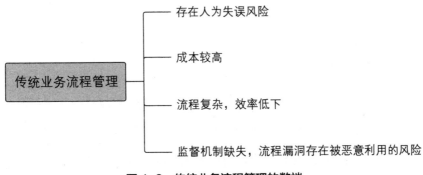

图 4-2 传统业务流程管理的弊端

② 成本较高

随着企业规模扩大,相关事务负责人需要投入更多时间、精力完成任务,这就增加了人力成本;由于某些业务的复杂性和灵活性要求较高,同事间、部门间的沟通成本也会随之上升。

③ 流程复杂,效率低下

在某一项申请或方案落地实施之前,可能需要横向多个部门和纵向不同领导层的审批盖章,执行效率低下。且可能由于多种客观因素的影响,一个业务流程需要跑多趟,消耗大量时间。

④ 监督机制缺失,流程漏洞存在被恶意利用的风险

由于许多关键信息只存在于特定文件和当事人手中,中间流程不易监管,如果文件丢失,其操作历史记录也难以追溯。

出现这些问题的根本原因在于流程管理的数字化、信息化水平低,缺少能够提高流程效率的应用技术。另外,由于业务办理、信息的传递与存储都依赖于纸质单据,难以满足现代化办公的需求。因此,提高业务流程数字化水平,从而提升业务运行效率、强化对流程各环节的监督管理、减少纸张资源浪费,是现代流程管理发展的必然趋势。

(2)业务流程数字化的主要优势

业务流程数字化的应用,是技术进步推动生产关系发展的体现。它可以为企

业带来更大的经济效益,以下将从管理效益和社会效益两方面分析。

① 管理效益方面

其一,自定义流程的设计,将整体工作流程纳入一定的合规范围中,通过相关制度文件对工作方法、工作原则、管理流程及绩效考核方式等做出规定,对业务流程进行统一规范,有助于完善管理方式,促进其制度化、规范化和专业化。

其二,业务流程数字化使得管理过程更加合理、精细、透明。在线上系统中可以记录下各环节的流转信息,例如项目内容、参与人员、审批时间等,这有利于管理者对相关流程执行情况、文件签阅情况等进行监督,并对违规操作进行及时干预,进而减少由流程漏洞带来的经营风险,大大增强了管理力度。

其三,业务流程数字化大幅缩短了无意义的时间损耗,有利于提高流程运转效率。流程线上化的实现,可以大幅缩短相关表单、文件的审批时间,以及执行人员的等待时间,提高项目沟通、对接的效率,从而提高整体工作效率。

② 社会效益方面

业务流程数字化为管理者和普通员工提供了更为便利、人性化的工作环境,有助于管理者从琐碎的审批、签字流程中脱身,以在灵活的时间、地点专注于关键性工作。同时,业务流程数字化可以减少员工因无意义的时间损耗带来的抱怨、抵触情绪,有效提高其工作积极性和工作效率。

4.2.2 业务流程应用系统的规划建设

业务流程系统不是一成不变的,而要根据企业业务环境的改变进行相应调整,并控制系统更新的成本;系统还要迅速响应多样化的业务需求,对于特殊需求也要快速适应和处理;同时,在系统规划建设的过程中,需要建立合适的业务流程监督机制,辅助管理者快速、正确地做出决策,协调业务内容。就流程审批来说,不同业务线、部门、岗位对业务流程审批应用的需求可能是不同的。不论审批流程的发起者,还是审批负责人,都希望能够最大限度地减少工作量,缩短办理等待时间和流程周期，提高整体业务效率。

因此，企业在搭建业务流程应用系统前，要对业务流程的变更进行合理规划，基于实际需求设计相关流程系统的模块和功能。要使业务流程应用系统发挥其真正效用，一般来说需要具备以下功能，如图4-3所示。

图4-3 业务流程应用系统应具备的功能

（1）统一的流程管理平台

打造业务流程应用系统的根本目的在于提高管理决策效率并增强企业执行力。由此，系统应该覆盖企业各部门、各业务线，使企业信息顺利传达，有效推动相关制度的落地。同时，业务流程应用系统需要在管理决策、工作执行、绩效评估等方面提供多样化的辅助工具及应用，以满足企业长远发展的需求。

构建统一的流程管理平台是实现上述功能的基础。统一的流程管理平台有利于不同业务线、不同部门之间进行高效沟通、协同办公与业务合作，有效提高流程运行效率；同时，有助于对各流程环节进行监督，对相关业务数据进行读取、分析和整合，促进管理方式的改进，最终实现决策效率的提升与企业执行力的增强。

（2）可扩展的应用系统

企业信息化应用系统的功能、模块要适应企业业务流程的发展需求，可以基于不同的业务类型和流程标准进行调整，同时在系统中还可以根据不同领域的业务划分构建多个应用子系统。随着企业的业务拓展与流程优化，系统中的功能模块或子系统也会增加或优化，因此，应用系统必须是可扩展的，并支持二次开发和多元应用系统集成。

目前，企业的业务流程应用系统的发展方向之一就是打造集成多种应用子系统的通用化、标准化平台，基于行业要求建立标准化的系统接口，实现应用子系统间的互联互通与信息共享，为复杂业务流程的有效整合提供技术解决方案。这一系统的构建，有利于企业在未来发展中持续发力，推动企业流程管理优化与稳定发展。

（3）不断优化的应用系统

企业业务的拓展与组织机构的改变，会带来相关业务流程的改变，因此业务流程应用系统要具备及时响应业务流程变化的能力，能够在短时间内灵活调整、同步更新，尽量减少系统本身问题对业务运行造成的干扰。企业也要重视优化业务流程，尽可能使应用系统功能与人工操作密切配合，同时兼顾成本。

（4）低耦合度的功能模块

一般来说，企业业务流程应用系统中存在多个功能模块，以适应不同职能部门的业务需求。从目前相关系统设计研发的经验来看，有必要使各个功能模块保持一定的独立性，尽量降低它们之间的耦合度，这样，当某一功能模块出现问题时，能够确保其他模块继续正常运转，从而提升应用系统的稳定性，降低业务流程运行风险。其中，开放式系统、热插拔功能、系统内App分离等形式提供了解决方案。

（5）具备易用性的应用系统

应用系统应该具有易用性，即相关系统、功能、界面的设计需要符合使用者的习惯和需求，但这一要求也往往最容易被忽视。易用性是促进流程效率提升的基础条件之一。如果一个功能强大的应用系统中存在操作烦琐、卡顿或使用者找不到相关入口等问题，不仅不利于发挥其效用，甚至可能适得其反，降低工作效率。因此，系统设计者要充分考虑用户体验，做出更为人性化的交互设计。

能够得到用户认可的业务流程应用系统通常具备以下特点：

① 最大限度地减少用户工作量

业务流程应用系统通过运用一定的智能算法，能够提升系统的自动化程度，在低技术含量、重复性的工作中取代人工。例如流程被触发后自动执行正确的流程路径，自动计算、统计员工的工作量、工作时间、假期时间，自动补全表单内容等。

② 交互友好的用户界面

业务流程应用系统应尽可能采用操作快捷、简单易懂、贴近用户习惯的界面设计。例如，用户不需要阅读详细的使用说明或接受专业培训，仅通过简单的口头指导就能够完全掌握系统工具的使用方法；按照一定逻辑性直观地展示数据；在提示错误时附带问题解决方案。

③ 易维护性

一个应用系统不可能在最初投入使用时就完全满足用户需求，系统管理者要结合流程优化要求、相关功能的改进需求进行更新维护。具体地说，系统需要具备的功能有：自管理和监控，在运行异常时及时反馈报错；自动备份与数据恢复；在线升级及功能更新提示等。

4.2.3　业务流程数字化的具体措施

近年来，业务流程数字化管理已经在互联网公司、科技公司等新兴技术型企业和大多数传统行业的头部企业中普及应用，实现了线上工作联络、业务办理、督查督办等无纸化办公模式，并取得了良好的效果。它有效解决了企业运行中的流程问题，使传统的层级管理模式向着更高效、更透明的扁平化管理模式转化，有利于提高社会资源利用率，使专业人才的能力得到充分发挥，并为管理制度的创新优化创造良好条件。

而要实现真正的业务流程数字化，需要采取以下措施，如图4-4所示。

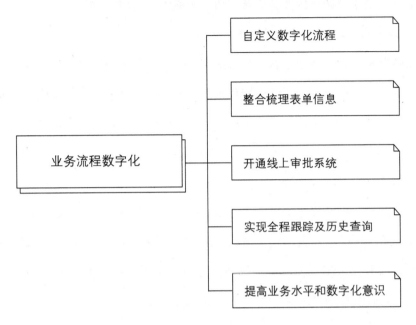

图 4-4　业务流程数字化的具体措施

（1）自定义数字化流程

对复杂业务流程的优化，可以通过自定义数字化流程、控制关键节点的方式来实现。

在遵循业务流程管理制度标准的基础上，构建线上流程控制系统。这一方法的运用，能够确保信息传递的准确性和实时性，缩短审批时间，大幅提升效率，强化执行力建设，辅助企业高效完成公章申请、项目审批、工作联络、督查督办等多项业务活动。

（2）整合梳理表单信息

基于线上系统能灵活地记录信息、呈现信息的特点，可以对原有的纸质表单内容进行整合梳理，修改或删除语言表述不明确、内容重复的冗余项，让使用者尽可能快速地找到所需要的关键信息，从而提升工作效率。

（3）开通线上审批系统

在传统的纸质单据的审批流程中，可能会由于相关审批负责人不在场等因素，导致审批周期延长、业务活动无法顺利开展等情况；另外，如果审批中途发现表单内容错误，修改过程也费时费力。

而通过线上审批系统，可以将申请人的需求信息按照一定的逻辑顺序或规则进行流转，审批负责人则可以随时随地在手机等设备上进行处理，从而避免了在审批过程中来回奔波造成的人力消耗和时间浪费，大幅提高了效率。

（4）实现全程跟踪及历史查询

通过线上系统，可以实时记录业务流程进展情况，包括审批处理时间、处理结果、异常反馈等，用户也可以随时查询相关业务的办理进度。

在历史数据记录与查找方面，线上系统也发挥了重要作用。原先，公司每年在日常业务流程中产生的纸质单据、文件可能达上万份，为后期的归档、存储、历史数据查找带来了极大的不便。而通过建立与系统关联的线上数据库，利用人员、表单编号、日期等关键词信息，可以在几分钟内迅速获取所需历史数据。

（5）提高业务水平和数字化意识

公司在引入业务流程数字化系统后，需要开展公司级培训，使线上系统在各业务流程中得到普及，并建立反馈机制，鼓励员工反馈在使用过程遇到的系统问题，促进线上系统的优化。同时，可以强化员工的流程数字化意识，进一步推进流程创新与作业效率的提高。

4.2.4 企业招聘业务流程的优化策略

数字化流程不仅能够大幅提高信息交流的效率，也能有效缩短流程时间。与此同时，企业还可以利用该信息系统来记录、分析和挖掘业务流程中的各项相关信息，发现流程中需要优化的环节以及存在的问题，以便及时解决问题，进一步提高业务流程的准确性、及时性和高效性。

简单来说，信息化就是使用信息系统来管理各项业务流程。以审批环节为例，流程信息化将线下的审批流程转移到了线上，管理人员只需在移动设备上安装相应的 App 就能够随时随地审批文件，满足业务在响应速度方面的要求。除此之外，企业还可以针对不同的环节设置相应的指标，以便在提高各个环节工作效率的同时实现对工作质量的全面监控。

例如，招聘流程的数字化既能够有效提高整个流程的可视化和效果追踪水平，也能为员工的工作提供便捷。具体来说，在招聘环节，一方面，企业的业务部门要预先明确招聘需求，并根据招聘岗位的需求设置专业能力和专业素质等方面的门槛，制定好岗位说明书（Job Description，JD）；另一方面，企业的人力资源管理部门要以岗位说明书为参考选择合适的招聘渠道，在招聘网站上发布招聘信息。

一般来说，企业的常规招聘流程主要包括以下几个环节：

- 当企业将招聘信息发布到各个招聘平台后，招聘平台会将招聘信息推送给平台的用户，而用户在看到或搜索到适合自己的岗位时就会将简历发送至企业邮箱。
- 企业的人力资源部门会根据邮箱中的简历进行第一轮筛选，并向通过第一轮筛选的应聘者发送面试通知。
- 企业会通过面试来评估应聘者在专业能力和专业素质等多个方面的水平，并向应聘者发送面试结果，此外企业还要与通过面试的应聘者确定入职时间。

- 应聘者需要在规定的入职时间到公司办理入职手续，企业的人力资源部门会为新员工提供企业介绍和岗前培训，以便新员工在对企业有一定了解后到入职部门进行工作，此外企业还会将员工入职后的一段时间作为试用期，符合企业要求的新员工将会成为正式员工。

大多数企业的人才招聘都符合"业务部门提出招聘需求，人力资源部门据此招聘人才到岗"的规律。一般来说，更具有知名度的大型企业在招聘时收到的简历更多，可选择的人才更多，因此招聘的难度相对较低，而默默无闻的小企业则会因为知名度低而难以招聘到符合自身发展所需的人才。

目前，大部分企业都对人才的重要性有着深刻的认知，并认为人才是企业中最重要的资产。人才招聘是企业招揽人才的主要方式，如果企业在招聘环节未能吸引并留住人才，那么企业整体的团队能力也会受到严重影响；如果企业能够从自身的业务需求出发招聘到大量符合要求的人才，那么企业的人才团队将会更加强大，因此企业需要对招聘工作进行精细化管理，充分提高人力资源与企业发展之间的适配性。

但就目前来看，大多数企业一般不会通过明确的数据和指标来对人才招聘工作进行评估，而是使用"能力优秀""经验丰富"等较为笼统的评价进行招聘。不仅如此，许多企业还未认识到高效且有效的招聘过程是获取良好的招聘结果的基础，因此会忽视招聘流程的重要性。除此之外，人才市场中还常常出现企业与求职者匹配难的问题，这主要是因为许多企业缺乏有效的招聘管理，如部分大企业端着甲方姿态，对求职者不够尊重；部分小企业则过分夸大企业的待遇水平，甚至存在欺骗求职者的现象。

4.3 提质增效：制造企业生产流程智能化

4.3.1 沉淀数据：数字化业务流程的基石

传统业务流程在生成工单或审批材料环节通常使用人工办理的方式，但这种方式可能导致企业无法有效完成数据分析工作，且文件审批工作对审批人的依赖性过大，比如当文件审批人出差时，所有的业务流程环节都会延后，而审批过程缓慢又会影响流程效率，不利于企业的高效运营。

目前，传统的业务流程模式已经难以满足企业运营对于流程的要求。企业需要对工单审批和文件审批等环节的办理方式进行升级，利用电子化的审批系统和工单审批系统等来完成各项相关工作。具体来说，近几年我国政府正在大力推进发票、证件和业务流程的电子化工作，将各项业务从线下转移至线上，让企业只需通过网络就可以办理各项业务，这不仅可以简化业务流程，也可以大幅提高业务办理的效率，为企业办理各项业务提供了便捷。

未开展数字化转型的企业往往只能使用传统的业务流程，但传统的业务流程在数据采集环节存在效率低、准确率低等不足之处，难以为企业的流程分析和流程优化提供有效的数据支撑，导致企业出现货物流转难等问题，常常出现大量库存堆积的情况。完成数字化转型的企业可以通过数据埋点的方式来精准高效地采集业务流程各环节的相关信息，以便在数据层面为进一步分析和优化业务流程提供强有力的支持。

例如，在针对企业供应链流程的分析和优化过程中，企业可以利用数据埋点来记录销售订单、门店销售产品等各项销售信息，并对这些销售信息进行分析，进而实现对未来销量的精准预测，不仅如此，企业还可以利用数据埋点来采集各项库存信息，并据此推测库存售空时间，以便确认补货时间，避免出现断货的情况。

对企业的分拨中心来说，数字化转型能够为其精准掌握各门店的库存、销量和销量预测等信息提供支持，分拨中心可以根据这些数据信息来确认所需库存量、下单时间、货物运送时间、补货量、补货时间等，避免出现库存过量或补货不及时等问题。

对工厂来说，数字化转型有利于其及时了解门店库存、分拨中心库存、产品日销量等信息，工厂可以通过对这些信息的分析来判断补货时间、合理安排生产计划，进而实现对每一种产品的及时供应，同时避免出现大量库存堆积的问题。

对采购部门来说，流程数字化有助于其及时掌握工厂的生产原料库存信息，以便据此判断原料断货时间，并预先制订相应的采购计划，进一步对下单时间进行预测并将预测结果告知生产原料的供应商，为供应商留出充足的备货时间，以免出现供应商的存货无法满足采购需求的情况。

现阶段，我国仍旧有许多企业使用人力来记录业务流程中的各项相关数据，使用常规的 Excel 表格来对流程数据进行维护，但这些传统的数据记录和维护方式无法实现数据的及时传输和共享，因此企业通常会存在数据传输效率低、数据准确性低、数据提供不及时等问题。

比如，在生产计划的制订环节，企业需要广泛采集流程各环节的数据信息，但传统的数据采集方式存在效率低等缺点，无法满足产品类型较多的大型工厂在数据的实时性方面的要求。具体来说，产品类型高达上百种的大型工厂通常需要多人连续工作一段时间才能制订出产品生产月计划，但在制订计划的过程中原料库存、产品库存和门店需求等数据均会出现变化，因此工厂对数据采集效率有着较高的要求。

数据采集缺乏实时性，也会使得数据的有效性大打折扣，工厂如果使用这样的数据来制订生产计划，那么生产计划就可能不够准确，进而影响产品生产、产品供应等多个环节，为企业带来供求和管理等方面的困难。由此可见，企业需要借助信息系统来实现对流程数据的精准高效采集，如利用销售时点（Point of Sale，POS）系统、仓储管理系统（Warehouse Management System，WMS）、制造执行系统（Manufacturing Execution System，MES）、物料需求计划（Material Requirement Planning，MRP）系统和供应商关系管理（Supplier Relationship Management，SRM）系统等，为门店、分拨中心、工厂、采购部门等多个流程参与方的工作提供便捷。

不仅如此，企业还应加强各个信息系统之间的联系，利用算法串联起多个信息系统，实现流程信息在多个系统之间的实时共享。具体来说：

- 门店可以利用POS系统采集、分析和加工销售数据，并以历史销量数据为依据构建模型，利用模型和数据分析结果实现对未来的周销量、月销量和季度销量的精准预测。
- 分拨中心可以借助信息系统来采集各项货物流通相关信息，并实现精准到最小存货单位（Stock Keeping Unit，SKU）的周货物流通情况预测、月货物流通情况预测以及季货物流通情况预测。
- 工厂可以利用信息系统进一步明确精准到SKU的日排产计划、周排产计划、月排产计划以及季排产计划。
- 采购部门可以借助信息系统采集和分析各项原料相关信息，并根据这些信息建立原料采购预测算法，对生产原料的周采购量、月采购量和季采购量进行精准预测，确保原料供应充足且及时。

4.3.2 生产流程管理的信息化、智能化

为了实现业务流程数字化，企业需要利用各种先进技术提高自身在数据采集方面的能力，确保数据的实时性和准确性。目前，我国的大多数传统企业还未认

识到信息化建设的重要性,因此并不会专门记录业务流程相关的各项数据。

某一传统生产制造企业引进了德国软件公司 SAP(Systems, Applications & Products in Data Processing,中文名为思爱普)开发的 ERP 系统,但却受到了厂长和工人的抵制,因此该工厂并未充分利用这两个信息系统来记录生产活动,也并未实现对生产过程的信息化管理。

由于该工厂并未记录业务流程中的各项数据信息,因此难以及时了解各个订单的物料使用情况、业务流程各环节的工作效率和实际用时,只能通过分摊的方式来对各个订单的成本和人工费用进行核算。分摊即将整个项目中的所有费用和工时等分摊到各个订单当中,但这种算法无疑不够准确,无法帮助企业找出整个业务流程中需要进行优化的具体环节。

因此该企业重新启用信息系统,充分利用信息系统来记录业务流程各环节的工时和物料等信息,并罢免抵制使用信息系统的厂长,重新聘请精通精益生产的人才管理该工厂。信息系统的应用帮助企业明确记录下了业务流程各环节的用时、物料、生产参数等信息,企业通过对这些数据的分析找出了业务流程中浪费较为严重的环节,并采取相应的措施对生产流程进行优化,这既有效减少了浪费,也进一步提高了工艺水平和产品质量。由此可见,企业付出一定的时间来记录信息不仅不是做无用功,还能够为企业的运营提供数据层面的支持。

除了对产品生产过程进行记录外,信息化还包括对管理信息以及业务流程所有环节中的各项活动的精准记录。信息化为企业全面掌握业务流程各环节的实际情况提供了数据支持,让企业能够通过数据分析及时发现存在浪费现象的环节并进行整改。

具体来说,该企业在生产过程中的浪费主要包括工时浪费、闲置浪费、加工浪费、库存浪费、包装浪费、能力浪费、物料消耗浪费和高质量原料使用浪费等,其中能力浪费和高质量原料使用浪费是该企业长期存在的问题。为了确保产品质量,该工厂的工人通常会优先使用 A 等级和 B 等级的原料,因此高品质的原料消耗较大，但品质稍差的 C 等级和 D 等级原料却堆积严重，导致工厂不仅在 C 等级和 D 等级的低端产品订单中花费了更高的成本，还延误了高端产品订单的交付时间，严重影响了用户的满意度。

除此之外，该工厂还存在随意派工的问题，当主管人员将低难度的体力性工作交给高薪技术工人来完成时，即便工时相同，企业也要支付更高的人力成本；而当主管人员将高难度的技术性工作交给技术水平不足的工人来完成时，不仅会花费更多的工时，还可能会出现产品质量差等问题，严重影响产品的质量水平。

在实现业务流程信息化之前，企业难以找出以上各项问题，也就无法实现对业务流程的有效优化。在使用信息系统后，该企业通过分析业务管理场景以及构建数据分析模型和算法，找出了管理环节当中的不足之处，并对生产流程进行了全面优化。

在数据化的前提下，算法可以不断优化业务流程，进而帮助企业提高业务流程运作效率，减少成本支出，明确订单交付时间，同时提升用户的满意度，为企业的发展提供助力。不仅如此，该企业还将多种智能数据采集设备应用到业务流程当中，综合使用智能数据采集设备和电子化的流转卡来采集业务流程各环节中的工艺参数、生产状况等信息。

在使用传统纸质流转卡的时期，工人在完成工作后需要将各项相关信息记录到流转卡上，记录了该生产环节相关信息的流转卡会与物料一同传送至下一个环节当中；在使用电子化流转卡的时期，工人可以通过扫描二维码的方式将各项相关信息录入服务器当中，服务器中的信息也会继续流转到下一个生产环节当中。与纸质流转卡相比，电子化的流转卡不仅具有记录方便的优势，还便于管理者和销售代表等随时通过查询服务器中的信息来了解订单的进度并发现生产过程中存在的问题，同时销售代表也可以及时与用户交流，通知用户具体的收货时间。

由于使用纸质的流转卡来记录信息存在效率低下的缺陷，且工人记录的问题种类繁多，难以直接用于分析，因此上述案例中的企业可以在设计电子流转卡时，将各类质量问题和工艺问题分门别类地填写进下拉菜单当中，让工人只需点击下拉菜单中的选项即可完成信息填写工作，这不仅能够有效提高信息填写效率，也可以大幅提高信息数据的质量和规范性。

不仅如此，企业还可以利用数据模型构建能够直观体现产品质量的质量看板，使得管理人员直接通过质量看板发现影响产品质量的环节，并找出问题的源头，接收质量预警信息，及时通过优化流程来解决问题、预防问题，进一步提高生产流程的效率和物料的流转速度。

除此之外，企业还可以在系统中融入智能排产技术，利用算法来优化排产计划。在人工排产模式中，由于订单的实际进度需要由计划员以人工统计的方式进行确认，因此只能根据当天的生产进度制订日计划，同时还需要根据实际生产过程中出现的变化情况随时进行调整，即便如此，人工排产也可能会出现资源不足或资源闲置等问题。在智能排产模式中，企业可以通过采集和分析大量业务流程相关数据来掌握各个环节的效率和用时信息，并以此为依据来提高时间安排的精准性，同时还能实现自动化排产，并借助系统促进排产计划的自动优化，进而达到提高生产效率和充分利用资源的目的。

智能化的生产流程管理大大缩短了企业的订单交付周期，同时也帮助企业减少了在产物料库存，增加了现金流。对企业来说，质量管理模型和计划排产模型等智能化手段的应用能够有效优化企业的业务流程，避免大量因人为因素造成的错漏，也可以大幅提高企业生产环节的智能化程度。

随着技术的飞速进步和流程数字化水平的不断提高，企业实现流程数字化的方式越来越多、成本也越来越低。企业可以利用智能硬件来采集、记录、加工和分析业务流程中的数据信息，并将数据模型算法与信息系统相融合，赋予信息系统自动控制功能。

4.3.3 基于供应链协同的流程管理

随着制造业的数字化、智能化转型，生产制造效能大幅提高。实现供应链协同，将成为制造企业的重要竞争优势，同时也是向智能制造转变的关键。企业可以从业务流程、组织、信息系统等方面入手，促进供应链优化协同：

- 业务流程方面：企业内部所涉及的供应链流程包括需求管理、采购入库、退换货及库存管理、财务结算等。所有流程需要具备开放性、统一性、通用性，以使流程在新业务、新场景中有良好的适应性。
- 组织方面：供应链上下游企业之间需要保持积极开放的心态，相互了解并建立共识，保持物流、资金流、信息流的高效畅通，坚持诚信经营，彼此信任。在企业内部，则需要合理分工，建立良性沟通的机制，实现组织内上下目标统一，促进各部门的协同合作，避免因部门利益或立场冲突阻碍业务开展。同时还要明确各部门的职责，提高组织协作效率。
- 信息系统方面：信息系统能够为供应链各环节、各组织的统一管理提供支撑，而促进相关流程的数字化也离不开信息系统的支持，信息系统是实现供应链协同的基础。

优化供应链管理不仅能够降低企业经营成本，还可以提高企业生产效率和产品销售效率，从而提高整体收益率。以下将对制造企业在供应链管理中涉及的计划、采购、生产、交付、退货与回收等环节进行阐述。

（1）计划

在开展各项供应链活动之前，企业需要根据实际需求和目标进行初步规划。合理计划是为了促进供应链活动（如采购、生产、仓储、配送、销售、履约等）有序开展，并能够为各作业环节提供指导意见，监督和保障产品顺利交付。

例如在商品采购环节，需要先进行品类、采购量方面的需求统计，并评估、制订采购计划，其中要考虑多方面因素，在企业内部，包括物料储备情况、生产计划、销售计划、采购预算等；在企业外部，可能涉及采购商品的价格波动趋势、生产周期等；如果遇上某些偶发性事件，则要根据实际情况灵活调整。

一些规模较大的企业会提前一年制订采购计划，然后在第二年按照一定周期（通常按月或季度）实施采购。采购计划可以避免库存过分积压或库存不足，有助于平衡采购、生产、销售之间的资金流，提高企业的抗风险能力。

（2）采购

采购活动的出发点是满足业务目标。在理想状态下，企业可以根据采购计划落实采购行动。

企业在采购时需要考虑多方面要素，一般来说要遵循"7R"原则——以恰当的价格（Right Price）在恰当的时间（Right Time）和恰当的地点（Right Place）从恰当的渠道（Right Source）购买恰当数量（Right Quantity）和恰当质量（Right Quality）的物品（Right Goods）。在这一原则的指导下，对选择供应商、询价议价、确定合同和订单、货物配送和验收、付款结算等环节进行妥善管理，从而实现采购目标。

（3）生产

生产是满足用户要求的履约过程。在供应链协同语境下的生产有两层含义：一是商品生产，即在工厂、加工中心、流水线上进行的生产制造活动，是将原材料转化为符合用户需求和企业质量标准的具体产品的过程，其中涉及工艺管理、产品质量管理、生产效率管理等；二是订单生产，即门店、仓库或配送中心按照用户订单进行分拣、出库、打包发出的过程，其中涉及订单批次核对、复核打包等过程管理。

（4）交付

交付即相关产品从上游供应商流转到下游用户，并完成资金流交割的过程，要点在于用户确实收到货物，资金款项到达正确的账户，才算双方履约完成。这一过程中涉及货物配送管理、货物验收管理、资金结算管理、时效管理等。

（5）退货与回收

退货与回收都是指产品从下游用户返回到上游供应商的过程。其中，退货通常由下游用户发起，并按照交付路径将产品退还至上游供应商，上游供应商需要按照相关赔偿协议将资金退还给用户，该过程主要涉及售后管理、资金管理、逆向物流管理等；回收则是由上游企业主动发起，用户根据企业估价决定是否将货物卖回，该过程涉及回收检验、回收价格管理、物流管理等。

上述 5 大流程构成了供应链的主体，各流程是环环相扣的，而供应链协同、高效运转的前提是要做好供应链管理。目前，部分科技公司专注于供应链管理环节，为企业提供智能化、数字化、一体化的供应链解决方案。从企业自身的角度看，需要从实际业务活动情况出发，优化储备货物管理、采购下单、物流管理、资金流管理、绩效考核等环节，使整个运行流程清晰明确、便捷高效。

4.3.4 【案例】三一集团：搭建流程信息化管理平台

三一集团通过提高流程的标准化、在线化、自动化和智能化程度来为企业的数字化转型提供助力。具体来说，三一集团将从线索到现金、从订单到交付、从问题到解决和从概念到产品这四个关键业务流程作为流程重构的重点，并利用工业软件进行流程固化，以便在线上对流程进行有效管控，达到提高核心业务流程的标准化率和在线化率的目的。

为了实现流程信息化，2013 年，三一集团专门设立流程信息化部门对自身当前的所有业务流程进行梳理。同时，该集团还积极构建"3（三图：组织机构图、岗位定编图、作业流程图）+2（两书：岗位说明书、作业指导书）"流程管理系统，安排相应的管理人员对系统的各个部分进行管理，并从全局出发对所有的业务流程进行全方位设计，全面推进流程信息化。

不仅如此，三一集团还利用流程信息化专业管理平台实现对业务流程的精准描述和详细分析，并将流程方法和流程规范发送给企业员工，为实现流程信息化提供助力。

除此之外，企业资源计划的应用、针对产品生命周期管理的流程设计、国际备件流程的优化、工程生产管理系统在海外上线等操作也有效提高了集团业务流程的信息化程度。

2014年，三一集团在建立流程信息化体系方面与思爱普和IBM达成合作，共同搭建端到端的企业管理平台，并根据自身实际情况建立管理信息系统，上线用户关系管理系统（Customer Relationship Management，CRM）和产品生命周期管理系统（Product Lifecycle Management，PLM），为实现数字化转型奠定良好的基础。

4.4 数字科研：开启实验室业务流程变革

4.4.1 实验室数字化转型的目标

实验室自动化既指各项设备和硬件的自动化，也包括数据和工艺相关解决方案的自动化。从广义上来看，实验室自动化主要涉及仿真、科学实验、图像处理、自动测量、自动检查、自动翻译、专家系统、各类数据库、计算机辅助设计、实验设备控制和文献专利情报管理等多项内容；从狭义上来看，实验室自动化只包含整个实验过程中的数据采集环节、数据处理环节和实验结果生成环节的自动化。

实验室数字化可以以数字格式呈现纸质文件、手写笔记、仪器设备运行的客观参数等非数字信息，为各类非数字信息在数字设备中的存储、传输和处理提供方便，进而达到提高工作效率、降低错误率和提高数据管理的有效性等效果。

实验室数字化转型可以利用数字技术对当前各个组织层面中的业务模型和流程进行革新，在提高效率和竞争力的同时减少成本支出。数字化转型具有涉及范围广等特点，且能够利用数字化和自动化技术革新组织文化、优化工作方式、升级用户体验。

数字化转型工作的主要内容是在实验室管理、实验数据管理、实验过程控制和实验物资管理等方面充分发挥大数据、物联网和人工智能等新兴技术的作用，快速生成更多精准度更高、价值更大的实验数据。

实验室数字化的目标是提高实验效率、增强用户对产品的信任度和加快科研成果产出速度，并减少在"人机料法环"方面的成本支出。

① 提高实验效率

实验室数字化可以利用自动化技术和人工智能技术来提高实验工艺的运行速度，增强工艺运行的稳定性，降低失误率和浪费率。

② 提高用户满意度

实验室数字化能够充分发挥各类数字化技术的作用，提高产品质量报告的透明度、准确性和可靠性，从而进一步提高用户的满意度和忠诚度，达到扩大商业价值的目的。

③ 加快成果产出

实验室数字化能够借助自动化实验、数据收集人工智能数据分析等方式提高实验效率，增强物料参数、环境参数和工艺路线的可控性，进而为科研人员快速获取实验结果并进行高效验证提供支持，同时也能够确保实验过程和参与实验的工作人员的安全，达到提升科研价值的效果。

④ 减少成本支出

实验室数字化能够有效优化实验流程、资源管理和供应链管理等工作，减少在人力、设备、库存和物流等方面的成本支出。

4.4.2 实验室自动化与信息化升级

（1）自动化技术赋能实验室数字化转型

数字化实验室融合了物联网、人工智能、自动化等多种新兴技术，能够在确保高效、准确、稳定运行的基础上实现以下几项功能：

① 自动化

数字化实验室可以利用机器人来完成各项繁重、危险或重复性强的工作，进而达到提高实验效率、自动化程度和数据质量的目的。

② 数据处理与分析

数字化实验室可以利用大数据、人工智能等技术手段实现自动化的数据采集、数据整理和数据分析，以便科学研究人员获取有价值的预测数据信息，并在此基础上更加高效地生成高度精准的质量报告。

③ 供应链与物流管理

数字化实验室可以利用数字化技术进行实时追踪、智能调度和自动化仓储，进而提高各项工作的自动化程度，降低科研人员的参与度以及实验的出错率。

④ 设备维护与管理

数字化实验室中融合了物联网和数据分析等先进技术，能够实现远程监控和预测性维护等功能，有效防止各项仪器设备出现各类故障，从而减少仪器设备的停机时间。

数字化技术的应用能够通过增强各项工作的自动化程度来提高工作效率，但并不能彻底代替人类完成所有的工作。近年来，数字化转型的速度越来越快，各行各业都出现了许多新的岗位和技能需求，如数据分析师、运维工程师、机器学习工程师等，企业需要根据自身实际情况在当前班组的基础上重新招聘或培养先进人才。

（2）建立实验室管理信息化系统

建立管理信息化系统是实验室实现数字化转型过程中的重要环节，具体来说，数字化转型需要利用大数据、物联网和人工智能等多种先进技术对业务流程进行优化升级。数字化实验室可以将管理软件作为应用各项技术时必备的基础设施和工具，并借助管理软件来实现高质量、高效率的运营管理、流程管控和数据分析。

① 实验室信息管理系统（Laboratory Information Management System，LIMS）

具有管理和跟踪实验室数据、实验流程的功能，能够精准高效管理各项样品、数据、资源和流程。

② 实验室安全管理系统（Laboratory Security Management System，LSMS）

具有充分保障实验室安全的作用，能够为管理人员处理实验室安全相关工作提供帮助，有效防范各类安全事故，从相关标准和法规的层面确保实验室的安全。

③ 实验室运营管理系统（Laboratory Operation Management System，LOMS）

具有管理和优化实验室运营的作用，能够通过集成实验室资源、人员、项目和流程并进行规范化管理的方式提高实验室的工作效率、生产力和工作质量。

在实验室数字化转型的过程中，各个信息化软件系统的应用能够有效优化内部管理，强化企业在工作流程方面的竞争力，因此信息化软件系统需求正在不断增加。对处于数字化转型阶段的实验室来说，应加大建设信息化软件系统的力度，积极驱动系统优化升级，并在此基础上进一步提高资源和信息整合的效率和质量，实现高效运营。

4.4.3 实验室业务流程数字化转型

实验检验机构在实际业务运行过程中,面临的检测需求是多样化且复杂的,这不仅要求实验室获得各类检测资格认证,还要遵循不同检测领域要求的规范体系,数字化的检测业务也需要在合规范围内开展。

近年来,一些实验室已经开始了数字化转型的实践,在整合业务流程的基础上,利用数字平台实现了大部分业务流程的线上化,打造出无纸化实验室,为业务数据、实验数据的智能化分析整合提供了条件。但从根本上看,对流程的优化并未达到数字化实验室的理想效果,人、机、料、法、环等要素之间的信息壁垒未被根本打破,未改变原先"信息孤岛"的状态,这不利于发挥数字化实验室的真正价值。

(1)业务流程再造

实验室在制订、实施业务转型计划之前,需要对自身业务或实验室发展作出战略部署。总体来说,其战略规划应包括业务信息化与业务体系数字化两个方面。业务信息化转型要求将相关业务环节——如委托需求沟通、检测进度查询、检测报告获取、检验结果咨询等,转为线上处理,以提高检测服务的质量和效率;业务体系数字化是在业务信息化的基础上,利用数字化系统对各类交互数据进行分析,以精减业务流程、优化业务体系,促进实验室业务流程再造。

通过数字化系统实现业务流程再造的过程,也是业务数据积累与整合的过程。检测服务作为实验室的核心产品,对检测经验、专业知识与技术的积累尤为重要,将人工经验转变为数字知识进行分享、传承,有助于先进检验方式的沉淀与创新,从而提升实验室在市场中的竞争力。同时,可以根据过往检测知识与经验构建自动判定系统或报告生成系统,真正实现数字化检测,这不仅可以提升检验效率,还能够降低错误率,为检测业务的优化提供条件。

（2）数据管理分析

数据（报告）是实验室的直接产品，数据的准确性、有效性是实验室检验水平的直接体现。在数字化转型的过程中，也要提升实验室的数据管理与分析能力。实验室信息化系统中的过往数据可以为实时检测活动提供参考；基于大数据分析平台，实验室检测人员或管理层人员可以快速获取准确、有效的数据信息，从而促进不同检测部门的协同合作与信息共享。

另外，数字化系统为测试结果的真实性提供了可靠保障。由于在系统中的任何人工操作都会留下痕迹，因此当检测报告存在异常时，可以对检测数据进行追溯，判断是由人为失误造成的还是数据被篡改。检测业务的数据安全是用户与实验室建立信任关系的基础。同时，集成了大数据分析技术的数字化系统可以深入挖掘数据中的有价值信息，根据业务数据进行判断、预测，并支持智能化、可视化的动态展示。

（3）智能化进阶

智能化是实验室向信息化、数字化转化的最终目标。智能化能力可以表现在群体智能、大数据智能、跨媒体智能、人机混合增强智能等多个方面，未来，类脑智能在各个领域的应用是智能技术的必然发展趋势。目前，智能技术经过数十年的发展，已经实现了在生产制造、用户服务等领域的简单应用，尤其是在一些结构化的、重复性高、烦琐耗时的作业活动中发挥了重要作用。

实际上，受制于实验室的信息化、数据化程度，检测行业智能化技术的发展相对缓慢，还没有实现大范围推广。而数字化实验室的负责人应时刻关注智能技术在检测领域应用的进展情况，同时带领实验室进行信息化、数字化转型，夯实数据基础，促进业务流程数字化，为智能化与数字化实验室的融合做好准备。

从实验室负责人的角度看，在进行实验室数字化转型的初期可能会面临诸多困难，例如原有设备过于陈旧而无法承载新的数字化系统、投入较高而收效甚微、管理层内部无法达成共识、基层员工缺乏应对变革的积极性等。但是，随着数字化、智能化技术的深入应用，变革转型无疑可以为实验室的业务发展带来量的增长与质的飞跃，从而提升竞争力与创造力，促进业务不断创新发展。

4.4.4 用户体验与产品服务的数字化

（1）用户参与和体验

基于检测行业的特点，用户与企业（或机构）之间有着紧密联系，实验室高端、专业的业务体系有利于发展与用户长期合作的关系。对用户行为、用户需求的大数据分析，能够为企业战略决策与转型提供参考；用户深度参与实验室数字化转型的过程，有利于优化业务体系、改进服务方法，促进实验室业务发展，用户自身也能获得良好的体验。

用户可以参与到咨询、通知、查询等方面的业务体系建设中，以下进行简要介绍。

① 咨询体系

沟通是机构与用户相互了解、建立关系并深入合作的基础，良好的沟通体系可以确保信息及时传达与交互，便于参与双方达成共识，从而保障业务的顺利开展。在数字化管理系统中，沟通咨询体系涉及用户接洽、业务沟通、智能客服、投诉处理等环节，每个环节都要精心设计，同时完善ERP系统与用户工单系统的相关功能。

② 通知体系

通知一般是检测机构单方面向用户传达的信息，在任务节点达成、有重要信息需要传达时，可以向用户下发通知。为了确保通知传达到位、顺利推进事务的开展，就需要建立完善的通知体系。一般可以通过短信、弹窗、智能语音电话、微信和系统内部消息等方式通知用户，并结合用户的反馈情况进行二次提醒。

③ 查询体系

透明化、高效化、公开化是实验室数字化转型的基本方向。在数字化管理系统中应开放便捷的查询通道，支持用户查询检测业务细节（包括样品状态、检测人员信息和检测评价等），从而使用户更好地把控业务需求。同时，用户如果在查询过程中产生疑问，可以及时与实验室相关负责部门沟通。

基于咨询体系、通知体系和查询体系的融合应用，数字管理系统可以对用户需求偏向和用户反馈问题进行智能分析，定位矛盾和问题出现的原因，进而优化流程环节和服务方式，以改善用户体验、获取用户的认可、增强用户黏性。

（2）产品或服务数字化

就实验室来说，面向用户的检测服务就是其实现价值创造的主要方式。在不同的检测需求中，通常有丰富多样的检测依据、检测方法可供选择，检测标准也有所差异，为了保证检测质量和效率，人工检测发挥着重要作用。同时，人工检测质量的提升又依赖于经验积累，如果能将熟练员工的丰富经验转化为可视化、可自由分享的知识体系，则能够实现知识经验的价值转化，为实验室人才培养和业务优化奠定基础。

日常检测活动的数字化可以有效驱动经验价值的转化，智能学习算法能够为其提供重要支撑。基于机器学习算法和相关检测数据，可以构建涵盖检测流程、依据、标注及问题处理方法等内容的知识图谱，以数字化能力促进经验传承。同时，实验室需要组织专业人员进行算法开发，并通过反复测试验证算法的可靠性。

实验室的数字化转型可以辅助实现基础检测的自动化，通过智能算法控制机械臂、传感器、图像识别系统等软硬件设施自动完成基础的检测工作，将原有人力资源调配到更为复杂的检测工作中，从而提升检测效率。

4.4.5　组织战略与文化的数字化转型

与传统的实验室相比，数字化实验室的IT架构会发生较大的变化，相关软硬件设施也需要进行优化升级，未来随着数字化实验室的发展，数据资产的价值将会越来越受重视。同时，基于检测机构对数据的安全性、敏感性要求，实验室中通常采用封闭的网络架构体系，实验室进行数字化转型，必然要打破传统思维的桎梏，引入新的业务模式、管理理念和方法技术，随着大数据、云计算、区块链、人工智能等高新技术的快速发展，这些技术将在各行各业深度应用。实验室不仅要努力探索正确的数字化转型方向，还要积极引进IT等领域的专业技术人才，提升转型所需的数字化能力。

基于海量数据的智能化计算需求和业务线上化转型的需求，未来的数字化实验室需要具备较高的计算能力和网络通信能力。随着5G网络的普及，云计算、云服务器能够为数字化实验机构的数据处理、交互需求提供有力支撑，减轻封闭网络内软硬件的计算压力，降低实验室更新、维护相关设施的成本。

实验室的数字化转型过程必然伴随着运营体制的变革，具体可以表现在：基础岗位的工作内容通过自动化、线上化等方式进行精减，其生产力被充分释放；服务类岗位增加，且对服务质量的要求提高，这是因为实验室不仅需要注重提升检测业务的专业化水平，也要注重整体的服务质量。

工作内容、业务流程等要素的变革也会促使组织架构发生转变，机构管理者不仅要关注转变过程中人员方面的不确定因素，还要调整公司文化、服务理念等，确保内部运营机构的稳定发展，从而使被释放的生产力在更有价值的环节发挥作用。

为实验室管理决策、战略规划提供可靠的数据支撑，是实验室数字化转型的核心价值。

① 基于内部数据

基于对实验室内部的业务数据、人员数据、专业能力等数据的分析，可以准确把控实验室的生产力情况，并对自身优势进行分析，根据实验室在行业中的竞争力进行战略规划。

② 基于用户的数据

通过分析既有用户数据，准确描绘出用户画像，对用户的个性化需求及市场需求进行挖掘，对业务上下游进行部署调整，从而有针对性地为目标用户服务。

③ 基于行业的数据

基于数字化系统对庞杂的行业信息进行大数据分析，有助于发现市场发展规律，从而提前预知行业风险，并把握好市场机遇，根据行业政策、市场发展趋势等情况进行战略规划。

④ 基于生态的数据

在数字化、信息化背景下，信息的高效交互与共享可以有力促进数字化行业生态的形成。在行业生态中，如何掌握制定规则的主动权、如何运用自身优势资源提升竞争力、如何实现合作共赢等，这些问题都需要企业结合生态数据进行分析探讨，而数字化管理系统是实验室获取生态数据的基础。

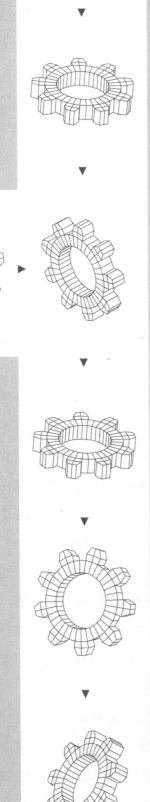

第5章 流程型组织

5.1 组织变革：构建流程驱动的组织架构

5.1.1 职能型组织 vs 流程型组织

流程治理体系是一种以帮助企业内部人员理解和应用流程管理方法及成果为目的的机制，能够在企业流程管理建设过程中发挥重要作用，确保企业流程管理的持续性。流程治理能够为企业实现流程目标提供交流协调方面的指导和资源，帮助企业明确业务流程运作的方法和规范。简单来说，流程治理就是用来对"流程管理"进行管理的手段。随着越来越多企业开始进行流程管理，流程治理工作也被提上日程。

敦促企业人员按流程工作并借助流程来合理控制管辖权是流程治理体系中的关键性工作，就目前来看，企业在完成这项工作的过程中仍旧存在许多不足之处。如企业无法根据流程图做好流程，无法确保流程流畅高效地运行；企业中虽然不存在组织边界模糊等问题，但依旧会出现权责不清、推诿扯皮等现象；企业无法在打通价值链的前提下为用户提供价值。出现以上问题的主要原因是企业还未能为流程管理提供行之有效的治理模式，流程管理无法在改变企业人员的流程思维和日常行为当中充分发挥作用。

现阶段，许多企业正在大力推进流程管理的组织建设工作，具体来说，企业正在积极构建流程管理部门，明确各部门在流程当中的权力和职责，加强对企业人员的培训，并加大监督检查力度。但由于企业并未对传统的职能型组织架构进行革新，这一系列举措在流程管理中发挥的作用十分有限。

随着社会经济不断发展，市场环境也不断变化，企业管理者必须与时俱进，根据组织内部和外部的流程变革，对管理理论进行创新，使管理方式适应市场竞争和企业发展需求。在创新过程中，逐渐有了职能型组织和流程型组织的划分，我们先明确二者的特点。

(1) 职能型组织

职能型组织管理方法来源于管理过程学派的创始人亨利·法约尔（Henri Fayol）的管理学理论，因此这一管理模型又称为"法约尔模型"，它强调以技能、工作方法或职能作为部门分工的依据，基本可以划分为人事、财务、销售等几个部门。在不同的职能部门中，都包含对应职能的业务人员和负责人，例如人力资源部由若干人事专员组成，其负责人为人事经理。职能型组织结构如图5-1所示。

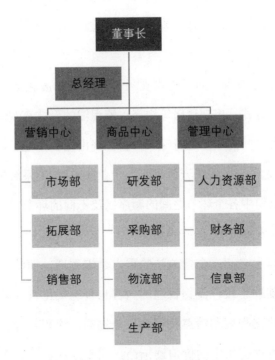

图 5-1 职能型组织结构

随着企业的发展，其职能划分也更为细致，对业务人员的专业度要求也越来越高，将擅长某一方面业务的人才组合到一个部门，并专职负责此类业务，有利于充分发挥人才优势，提高业务运行效率并提高业务完成质量。

（2）流程型组织

流程型组织结构是以流程为中心，根据业务的有序活动或关键环节配置相应人员、进行合理分工，并以最终产出为导向，实现跨部门的协作与业务执行。

流程型组织模式强调优化企业组织架构、梳理相关业务流程、促进各部门紧密协作，最终实现对市场需求快速响应、降低服务或产品供应成本的目的，而职能划分和部门利益处于次要地位。该模式有助于打破职能组织之间的隔阂，组织架构可以根据业务需求灵活调整，面对信息社会和快节奏的市场变化也有更强的适应性。

近年来，各行各业的企业在流程管理方面的实践活动越来越多，流程管理相关理论也日渐完善，诞生于企业流程管理发展过程中的流程型组织逐渐成为企业的主流组织模式。

从业务需求方面来看，为了提高业务流程的流畅度和运行效率，企业需要将各项业务的完成方式、内部逻辑等内容以流程图的形式直观地展现出来，并对流程中的各个环节之间的关系进行深入分析，找出使整个业务流程高效运转的方法。从IT系统规划和开发需求方面来看，企业在进行IT系统规划和开发之前必须梳理清楚整个流程中各个环节之间的顺序以及不同的环节之间所传递的信息的具体内容，以便高效推进IT系统的建设。

在流程管理诞生之初，企业关注的重点是流程图，而流程管理被企业作为其他管理维度的辅助手段，流程管理的内容也具有局部性和片段化的特点。随着企业管理的专业化程度和精益化程度日益提高，流程管理方法论体系初现雏形，流程管理在流程应用中的价值逐渐凸显出来，在价值链管理方面所起到的作用已经十分显著，企业可以通过优化流程来降低价值链流程的成本和风险，并减少时间，提高质量。为了实现高效的流程管理，并提高流程优化的持续性，企业需要建立流程生命周期管理机制，并以价值链为中心进行流程生命周期管理。

5.1.2　流程型组织的 5 大核心特征

良好的职能型组织设计通常具有明确职能边界和避免职能交叉的作用，当前大多数企业选择将职能作为划分企业人员的依据，并将职能型组织的设计方法作为组织架构的运作方式。实施流程管理的企业通常会借助流程管理方法集成各项职能，进而为用户提供增值服务。

从具体实践方面来看，企业构建的流程治理体系应具有改变和优化职能型组织的生产方式的能力，否则企业将无法确保流程管理具备持续性的效果。许多企业选择学习并使用流程所有者（Process Owner）等管理方式，但却并未获得良好的管理效果，具体来说，造成这一问题的原因主要有以下几点：

- 企业内部的各个部门未明确流程所有者的内容，在对待流程所有者的态度上，各部门互相推诿。
- 企业根据各个部门的职能对流程进行了细分，导致承担流程所有者的部门之间缺乏协同性，各自分散管理。
- 企业的各个部门并未全面掌握满足用户需求的具体流程。
- 企业的各个部门在解决问题方面缺乏积极性和主动性。

在流程管理落地的过程中，如果企业选择从技术层面入手，那么流程管理与各个管理体系的整合将会严重影响企业的管理思想、组织模式、行为模式和运营逻辑，一些固有的思想、习惯和利益也可能会对流程管理的落地工作造成阻碍。

因此，企业即便已经认识到流程管理的重要性，也仍旧会面临许多实际操作方面的问题，需要深入思考流程管理的落地方法，从不同角度出发设计运营管理变革方案，以确保企业未来发展的高效性和稳定性，将原本的组织模式革新为流程型组织。

从定义上来看，流程型组织主要对价值链以及核心流程进行管理。具体来说，流程型组织的主要特征体现在以下几个方面，如图 5-2 所示。

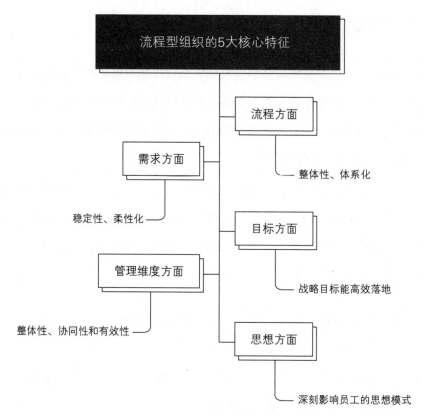

图 5-2　流程型组织的 5 大核心特征

（1）在流程方面

流程型组织具有整体性、体系化的特点。在流程型组织当中，企业可以在组织层面对各个流程进行系统性的设计、管理和优化，与此同时，由于各项流程均围绕价值链展开且与价值链流程高度适配，因此流程型组织的流程还具有获取资源和配置资源的作用。

（2）在需求方面

流程型组织中的市场需求和用户需求均具有稳定性和柔性化的特点。在流程型组织当中，组织的用户价值可以在各个流程体系之间进行有效传递，用户所获取的产品和服务的质量水平不会随意波动，当市场或用户需求出现变化时，企业能够在战略的基础上迅速对资源和活动重新进行合理规划,积极适应市场变化。

(3)在目标方面

流程型组织的各项战略目标均能高效落地。在流程型组织当中,战略目标能够具体到各项业务和操作环节当中,业务绩效与组织的整体绩效之间的联系十分紧密,且两者之间具有较高的协同性。

(4)在管理维度方面

流程型组织具备战略绩效管理、风险内控管理、质量体系管理以及IT规划和实施等多个管理维度和多种管理方法。在流程型组织中,以现实活动为基础的各项流程之间存在十分紧密的联系,且具有较高的整体性、协同性和有效性,能够借助互相协同产生更大的总体效益。

(5)在思想方面

流程型组织的管理思想深刻影响着所有员工的思维模式。在流程型组织当中,以流程为基础的管理思想能够为组织运营和员工活动提供指导,进而驱动流程持续优化。

从理论上来说,流程型组织通常具备以上特征,但从现实的角度来看,所有的流程型组织都存在或大或小的缺陷,因此许多组织积极进行流程管理优化,不断弥补自身的缺陷,力求将自身打造成一个完美的流程型组织。

5.1.3 流程型组织的设计路径与方法

企业管理可以按照对应的内容分为战略管理、质量管理、组织岗位管理、制度规范管理、企业文化管理、内控风险管理、IT系统建设管理等多个管理体系。各个管理体系能够在企业管理的不同方面发挥自身的作用,但却无法实现对企业管理的全方位覆盖,在实际应用过程中,各个管理体系相互独立,如果管理维度的边界无限扩张，那么企业内部的各个管理体系之间将会出现壁垒，无法发挥出集成效应。由此可见，企业应集成各个管理体系，并在实际操作的过程中充分发挥各个管理体系的作用，让管理体系切实服务于流程。

从思想上来看，流程管理不仅包括流程管理方式，还涵盖了对企业运营的整体性、系统性管理，因此高德纳技术咨询公司认为流程管理是一种构建以流程为核心的企业运营管理体系的系统性方法。在流程管理思想的指引下，企业应该积极推进以流程实现为基础的管理体系整合工作，力求高效集成各个管理体系，并对其进行集中管理和应用。

流程型组织是企业实施流程管理的基础，通常根据围绕价值的端到端流程设计来进行运营和管理。一般来说，流程型组织的设计路径主要包括以下几个方面：

第一，流程型组织中的端到端流程是一种以用户需求为导向、以职能流程为组成部分的流程链条。

第二，流程型组织中的端到端流程具有完整性和统一性的特点，流程本身与业务的实际操作过程完全相同，为用户提供服务的人员和流程都在流程型组织的覆盖范围之内。

第三，流程型组织内部的组织结构由众多岗位构成，且具有简单化、扁平化的特点。对流程型组织来说，应明确岗位职责，并将流程内容作为岗位职责的主要组成部分，减少非流程型职责，进而将传统的组织边界转换为岗位职责，将岗位所负责的对象从部门和领导意图转变为流程。

第四，流程型组织具有合理的岗位边界，各个岗位上的人员都具备多种技能，企业可以根据实际需求灵活地安排处于不同岗位上的人员的工作。

第五，流程型组织的领导层需要协调各个岗位和外部资源，确保流程运行的流畅性、流程设计的合理性以及流程产出的高效性。与此同时，流程型组织也要精准把握端到端流程的绩效与流程节点之间的关系，加快推进对流程整体绩效和流程节点的评估工作，并在评估流程节点的基础上实行岗位考核制度。

第六，在流程型组织中，企业需要在完成流程设计和流程评估的基础上推进各项管理举措，由于举措与举措之间和举措与流程之间联系紧密，企业在对某项管理举措进行调整时要注意这一做法可能会对其他举措和流程所造成的影响，同时也要及时向与之相关的岗位推送举措调整的相关信息。

5.1.4 矩阵式组织的设计路径与方法

矩阵式组织又称任务组织或项目组织，是将依据项目划分的横向领导系统与依据职能划分的纵向领导系统进行融合的组织形式。但流程治理体系中的矩阵式组织是一种在保留当前已有的职能型组织的前提下，进一步融合流程型组织和职能型组织的新组织。

部分企业由于无法完全适应流程型组织，因此会选择使用流程治理体系中的矩阵式组织。这种由流程型组织和职能型组织组合而成的组织形式，既有效弥补了职能型组织在横向协同方面的不足之处，也能够充分发挥职能型组织职能分工精细和产出效率高的优势。一般来说，矩阵式组织的管理结构为职能型，但当其处理参与人员不固定的端到端流程时，会在运作过程中再建立新的管理关系，也就是将转换为流程型组织的运作方式，而各个成员会随着流程结束而返回自身原本所处的职能部门，管理关系也会就此结束。

例如，在项目团队中，团队成员会被按照具体职责分成现场团队和后台团队两部分，现场团队的成员只能负责现场实施工作，后台团队的成员只能负责后台的工作，双方不能交换职责。

当项目启动时，项目组中的现场团队经理、现场团队成员和后台团队成员会协同发挥作用，推动项目落地，并使用流程型组织进行运作，以项目顺利交付为目标进行工作；当项目进入差旅或填报工时阶段时，项目组中的各方人员都应在遵守项目团队管理制度的前提下按要求完成出差或填报工作；当项目交付后，项目组的所有成员都将返回自身原本所处的职能部门，现场团队主管、项目经理和后台团队成员之间的管理关系也会就此结束。

具体来说，企业可以采取以下两种设计方式来推进矩阵式组织的落地工作。

（1）虚拟组织式

企业可以在矩阵式组织中建立委员会等虚拟组织，并利用虚拟组织来弥补当前职能型组织中的不足之处。

以委员会为例，企业可以通过建立供应链管理委员会来实现对采购、生产和销售等环节的综合管理，具体来说，当企业接到重要订单时，供应链管理委员会将会以流程型组织的运作方式来运作，并通过与用户的交流沟通来了解用户的实际需求、收货方式等信息，同时迅速组织负责采购、生产和销售等工作的人员执行相应的流程，进而完成该订单并进行交付。不仅如此，供应链管理委员会能够自主协调和解决流程中出现的各类问题，并根据流程评估各部门人员的工作情况。

（2）端到端流程所有者

流程模式固定的企业可以选择使用端到端流程所有者来管理相关业务覆盖的所有流程。具体来说，端到端流程所有者所掌握的管理权主要包括以下几项：

- 战略制定权：端到端流程所有者可以在充分掌握企业战略的基础上进一步制定端到端领域的各项相关战略。
- 流程设计权：端到端流程所有者有权决定端到端流程的角色、岗位、绩效标准、管理要求、职能流程、服务流程等。
- 组织协同权：端到端流程所有者可以与职能型组织进行沟通交流，接收来自各个职能部门中参与端到端流程的组织成员传来的各类信息，并在与职能部门的领导和各位成员进行协调后做出决策。
- 绩效调控权：端到端流程所有者可以对业务流程的执行过程和执行效果进行评估，并以评估结果为依据调控执行端到端流程的人员的绩效考评结果。
- 资源保障权：在端到端流程中，企业会在资源层面为端到端流程所有者提供人员、信息技术、绩效奖励等支持。

5.2 流程驱动：构建高效稳定的组织架构

5.2.1 流程型组织建设面临的主要挑战

为用户提供能够满足其需求的产品或服务，是企业的最大价值所在；而用户认可企业的产品或服务并愿意为之付费，则是企业持续发展的重要基础。为了在市场中保持竞争优势，企业需要与时俱进，改进、优化产品和服务，持续追求市场扩张和收益率增长，不断寻求有效的组织模式并完善管理制度。而流程型组织是一种较为进步的组织管理模式，可以为企业的可持续发展打下良好基础。该模式立足于科学的理论基础，它要求以用户需求为中心，建立能够快速应对市场变化的、高效率的产品服务机制，牢牢把握住"价值获取—价值创造—价值实现"的流程主线，并降低企业的运营成本，为企业创造更多效益。

在企业变革现有组织管理模式、建设流程型组织的实践中，可能会面临多方面的挑战，主要表现在以下四个方面，如图5-3所示：

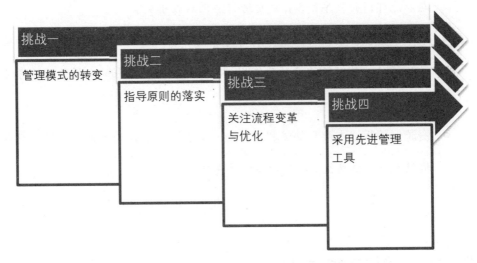

图 5-3 流程型组织建设面临的主要挑战

（1）挑战一：管理模式的转变

流程型组织颠覆了传统科层制中以职能部门划分推进业务的组织管理方法，它以业务流程为核心，以用户需求和业务目标为导向开展业务活动，同时制定着眼于结果的绩效考核方式。该模式下，流程中的任何一个岗位和部门都有可能直接为用户服务，其业务行为受到管理制度的规范，业务行为主体要承担相应的责任。

在科层制组织管理模式下，部门管理方式的优劣、专业能力水平的高低难以界定，且责任划分不明确，可能会出现"管理者邀功，执行者担责"的现象。而在流程型管理模式下，组织架构更为扁平化，流程运行也更为透明化，这实际上缩减了管理者的职权，并对其能力提出了实实在在的要求，负责人通常要具备一定的团队建设能力和过硬的专业素质。由传统科层制向流程型组织转变，要求管理者改变原有习惯并自我提升，由此，部分管理者可能会为变革带来阻力。

（2）挑战二：指导原则的落实

在搭建流程型组织架构的同时，还要在"以用户为中心、以市场为导向"原则的指导下，根据企业价值链构建新的业务流程体系和运营模式：

- 以用户为中心，企业需要建立内部响应机制，审慎对待并积极处理用户需求和问题，直到问题完全解决；建立评价体系，针对用户需求响应与落实机制进行监督，杜绝部门间相互推诿。另外，需要将用户需求落实到业务流程的各个环节，鼓励各业务流程的执行者采用最有利于用户的工作方法，而非唯上级是从、唯利益是从。
- 以市场为导向，要求企业提高对市场的敏感度，通过多渠道广泛开展市场调研，关注销售数据、市场数据、消费热点、竞争对手的活动等情况，及时响应市场环境变化和用户需求变化。

许多企业虽然标榜"以用户为中心"的服务原则，但实际上很难把这句话的含义真正落实到实际行动中。例如，有的企业收到用户反馈的产品问题时，不是第一时间帮助用户解决问题，而是将出现问题的原因归结为用户操作方法错误。这不仅不利于问题的解决，还可能导致用户背离企业，甚至带来其他不利影响。

企业可以通过多种方法来落实"以用户为中心"的服务理念。例如，在与用户直接接触的业务中，简化流程环节，为用户提供便利；对一线服务人员给予充分授权，确保用户需求响应的时效性，及时满足用户需求；根据用户反馈的需求或问题，及时优化改进产品、流程等，建立档案库、资料库供业务人员参考学习，避免类似问题反复出现；完善问题反馈机制、监督体系和风控体系，通过相关制度或绩效机制规范业务行为。

（3）挑战三：关注流程变革与优化

要促进构建流程型组织，首先要关注流程变革与优化。企业流程优化的目标是能够快速响应用户需求、增强企业服务能力，以此为导向，制定合理的流程变革规划，如通过数字化等手段简化流程。然后发挥合理流程的驱动作用，基于流程运行需求调整组织架构，根据价值链过程来划分职能，最终实现流程优化与组织优化的协同。

企业进行流程优化和组织优化的难点在于：变革中存在的阻碍与维持现状的矛盾。许多企业在建立流程型组织时，其组织架构本身已经处于成熟阶段，如果重新划分职能、调整流程架构，可能会影响到一部分人的既得利益，人员及业务运行的不稳定有可能带来经营风险。而如果企业仅仅对现有流程进行细微的调整，在组织上也仅是小修小补，那么将无法达到改革的目的。企业流程变革本身是适应市场变化和企业发展的必经之路，如果维持不变，原有的组织架构将会束缚企业的运行，企业的发展也会进入瓶颈期，最终丧失竞争优势。

（4）挑战四：采用先进管理工具

流程型组织的顺利搭建离不开先进管理工具的支持，这些先进管理工具包括数字化的业务管理平台、信息共享平台等。

数字化系统的应用，有助于将新的合理的流程固定下来，真正改变业务运行模式，例如报表审批、发票报销等流程都可以在线上完成，不再局限于时间和地点；在用户服务方面，用户可以在线上平台自主办理业务，无须亲自到场，客服人员也可以与用户进行线上沟通，解决相关需求和问题，进而有效降低沟通成本、时间成本，提高业务运行效率。同时，业务流程的信息化与数字化也是一个逐渐适应的、渐进的过程，不仅要及时补足线上平台的缺陷，必要时也要对业务流程进行相应调整。

5.2.2 构建流程型组织的 4 个核心步骤

要使企业在快速变化的市场中保持竞争优势、使组织持续发展壮大，就必须进行组织形态创新。这要求企业管理者跳出固有思维，不再遵循按职能部门划分业务的思路，而是要学习、思考新的流程管理和组织架构管理模式，了解现代数字化技术、信息技术对业务流程变革带来的积极影响，从流程角度去构建

"投入-产出"的系统组织。

组织的创新需要以流程变革作为支撑,企业可以围绕业务流程变革,促进组织的重组与优化,打破原有的金字塔型的组织架构,根据流程需求建立更为扁平化的组织架构,促进上下级、各部门之间的有效沟通,调动员工参与企业管理的积极性,对于合理建议积极采纳,从而增强业务流程的灵活性,使企业适应信息社会的快节奏发展环境。流程变革是进行组织优化的重要途径,下面将对这一过程的实现方式进行简要阐述,如图5-4所示。

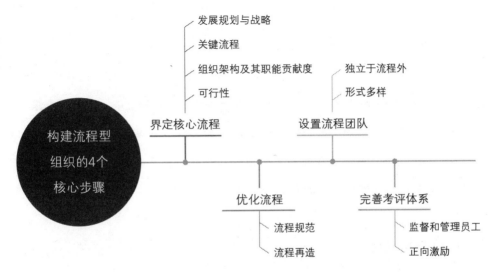

图5-4 构建流程型组织的4个核心步骤

（1）界定核心流程

流程是按照一定逻辑顺序达成业务目标而进行的一系列活动,业务流程则在此基础上增加了为用户创造价值的属性,整个项目流程内又包含多个子流程,而最关键的、由企业核心部门承担的、创造价值最大的流程,就是核心流程。核心流程也是组织核心竞争力的表现方式之一,例如,以销售能力为核心竞争力的企业,核心流程在于市场调查、销售、回款等一系列环节;以技术能力为核心竞争力的企业,核心流程在于技术研发。

企业的资源是有限的，因此，要把有限的资源投入关键业务领域，而流程改革也需要围绕核心流程展开，可以从以下几个方面来界定核心流程：

- 发展规划与战略：如果企业的战略规划或未来发展方向要做出重大调整，则需要根据未来战略目标确定核心流程。
- 关键流程：企业通过业务流程活动来满足用户需求，能够对用户买单意愿产生重要影响的流程，即直接满足用户需求的流程，就是关键流程。例如，用户购买手机等电子产品时，通常关注其功能和质量，那么产品研发就是该企业的关键流程。
- 组织架构及其职能贡献度：企业的组织架构中往往包含核心职能部门和辅助职能部门两大类。主要由核心职能部门参与的流程可以看作是核心流程，而辅助职能部门开展的业务活动所创造的价值小、贡献度有限。
- 可行性：企业流程改革需要具备一定的条件，如果条件不成熟，改革难以推行，则要评估是否将其作为核心流程；如果改革具有迫切性，则需要创造条件促进改革的实施。

（2）优化流程

随着企业发展和外部环境的变化，企业的流程（尤其是核心流程）也要随之改变，而不是一成不变的。按照流程的改变程度，大致可以分为流程规范与流程再造：

- 流程规范是针对既有流程制定相关规章制度或操作标准，进一步规范流程的运行，通过有限的变化使流程更为规范、可控。
- 流程再造则是重新设计与业务需求不符的、存在较大弊端的流程，具体措施包括省略或增加环节、调整环节先后顺序或合并环节等。

流程规范和流程再造可以相互交织、循环往复，使整体流程随着业务的发展变化而不断得到优化。

(3) 设置流程团队

核心流程变革需要相应流程团队的管理。流程团队通常独立于流程外，以便于在设计和管理流程的过程中平衡流程内各方参与者的利益。流程团队的形式是多样的，按照流程变革程度和规模，可以由多人组成或由专员负责，可以是兼职或专职，可以是短期或长期的。

(4) 完善考评体系

绩效考评体系是流程变革和流程组织构建的重要保障，能够有效引导员工行为，推动落实相关流程管理制度。

流程环节调整可能导致相关业务组、组内员工的工作内容和工作量的变化，因此需要制定与业务流程相适应的绩效考评体系。该体系不仅可以用于对员工的监督和管理，还可以对符合业务要求和组织职能要求的行为起到正向激励作用。通过量化各环节创造的价值或成效，可以较为科学地衡量成员的工作能力，丰富人才储备，同时引导形成积极向上的企业价值观和协作文化。

5.2.3　设立专职的流程管理专员

流程管理的改进不是一蹴而就的，而是要在保持各项目、部门稳定运行的基础上循序渐进，保证相关流程的持续优化与落实。具体可以从两方面入手：一是由有经验的人员专职负责，避免改进中因措施侧重而导致严重的反抗情绪；二是需要结合管理制度、绩效方案等同步调整，减少人才流失，保证流程管理顺利推进。

在制定出具体的管理流程方案后，还需要有专门的人员进行落实与监督，促使具体流程和规定在各业务部门中得到落实，以保证优化或规范的效果。同时，相关规范要随着业务变更进行调整，以适应业务发展要求。流程专员需要承担流程创新与业务创新相互促进的任务。

流程专员的职责包括：为管理组织规划合理的流程体系，推动建立或优化跨部门之间的业务流程，组织主要管理人员或关键职能人员参与流程培训，强化组织内的流程管理意识，参与流程落实情况的评估与稽核，协调处理流程落实过程中出现的问题等。在这一过程中，流程专员可能扮演着不同的角色：

- "建筑师"：这一角色需要基于实际管理运行情况和相关业务流程，构建合理、可行的组织业务流程管理体系，这一体系可以适用于公司级别、部门级别或某个平台。
- "外交家"：在市场竞争日益激烈的背景下，企业如果要提高运营管理效率，就需要打破各部门间的信息壁垒，促进跨部门的交流与合作，并建立与之对应的跨部门的业务流程管理机制。流程专员通常没有能够直接指挥各部门的实权，因此需要具备外交家的口才和智慧，斡旋于各部门之间。
- "领导者"：流程管理者要发挥主心骨作用，在混乱的局面中勇于担责，发挥其专业素养，引导公司流程管理的规范化与高效化。
- "主人翁"：流程专员不仅是流程体系的构建人员、管理人员，更是流程管理最终责任的承担者，因此需要具备主人翁意识，对既定流程管理中出现的问题积极干预并改正。
- "宣讲者"：流程专员需要对所承担的流程管理工作怀有热忱之心，这样才有可能克服重重阻力，推动流程管理方案的落实。同时流程专员需要通过培训、宣讲等方式，使相关标准规范和要求深入人心，并被大家普遍接受、理解，从而促使其主动执行。
- "发言人"：沟通计划是变革管理的重要步骤之一。流程专员应通过与管理者的积极沟通，清晰地阐述流程管理的立场。

流程专员虽不具备较高的职权地位，但肩负着完善公司管理方式、推动各部门各环节协调运作的重要职责，因此流程专员通常需要具备以下能力：了解流程管理与外部环境、公司内部发展之间的关系，对流程管理带来的影响有全面的认识；头脑清醒，清楚整个流程的工作状况；具有一定的人格魅力，能够对自身管理范围外的事务产生影响。

5.2.4 基于 POMMC 模型的流程型组织

在建设流程型组织的过程中，企业需要在多个层面上对自身的整体运营管理方式和逻辑进行优化和调整。具体来说，企业在建设流程型组织时需要完成计划（Plan）、组织（Organization）、机制（Mechanism）、方法（Method）和文化（Culture）五个方面的工作。

（1）计划

企业需要在整体战略的基础上根据自身环境状况和业务发展现状制订建设计划，该计划应包含企业的实际发展情况、总体目标、目标达成时限、实现目标的具体步骤、详细的分段目标等多项相关信息，并为企业建设流程型组织提供明确的方向。

企业顺利完成制订计划这项工作的前提是对流程管理有着深入的了解，一般来说，大型企业会邀请流程管理领域的专业顾问辅助其制订流程型组织建设计划。

（2）组织

企业需要组建由流程管理委员会、流程管理专业部门和流程管理团队构成的流程管理组织。具体来说：

- 流程管理委员会的成员一般为企业高层管理人员，主要负责流程管理相关的各项决策工作，协调于各个部门之间，同时也要确保企业内部管理思想统一。

- 流程管理专业部门通常是企业专门成立的独立部门或已有的职能部门，主要负责工作的专业化管理相关工作。
- 流程管理团队主要由专家顾问、专业管理团队、企业内部的流程管理专业人员等组成，这些在流程管理方面具备较高专业素养的人员通常分散在企业的各个下属部门和单位中，在各项流程管理工作当中发挥作用。

（3）机制

企业应建立流程项目管理机制，并利用该机制来为流程体系建设提供助力，以便有效推动流程型组织建设工作。除此之外，为了加速流程管理落地，企业还需要在具备流程体系的前提下建立流程生命周期管理机制、流程持续优化机制以及与流程管理相关的员工激励机制等多种机制。

（4）方法

企业应根据自身实际情况建立包含流程管理平台、流程管理工具、流程呈现方法、流程优化方法、流程审计方法、流程评价方法、流程标准化语言、流程标准化模板、流程标准化规则、流程体系架构定义、流程指标设计方法等诸多流程管理相关内容的流程管理方法论，以便在流程管理的过程中充分体现出流程管理的专业性。

（5）文化

企业在推进流程管理工作的过程中离不开文化的支持，因此企业应加快落实培训、宣传和教育方面的各项工作，进一步提高文化与制度之间的协调性，驱动整个组织中所有人员思维方式和工作方式的优化提升，通过流程与企业文化的深度融合来为流程管理的优化提供助力。

5.3 落地关键：领导者如何推动流程变革

5.3.1 流程变革与组织领导力

在组织流程改革的过程中，许多领导者并不具备领导流程改革所需的基本素质。例如，有的领导者不了解端到端流程含义所界定的范围，也不明白这一流程会为企业带来怎样的影响；有的领导者缺乏果断的行动力和对结果的渴望，缺乏对新工作方法的独立思考和将其贯彻执行的坚定意志；有的领导者在实施改革后不能及时跟进，对改革缺乏信心，最终导致流程改革偏离正确轨道或半途而废。

企业的管理方式与业务流程需要不断创新改革，才能适应不断变化的外部环境，如果一个领导者宣称某些领域无须改革，可能是他还未意识到流程改革所具有的意义。企业在进行端到端流程改革的过程中，因为领导力缺失而走向失败的案例数不胜数，部分案例如下：

- 某家汽车行业的供应商，针对流程改革问题进行了长达5年的讨论仍处于计划阶段，主要原因在于领导层犹豫不决，缺乏果断的行动力。
- 在一家连锁超市的改革过程中，部门经理认为新流程会侵犯其自主权，而CEO面对部门经理的质疑和抗议时做出了让步，导致改革难以按计划推行。
- 一家耐用消费品制造企业的领导者不相信企业面临的相关问题能够通过流程优化来解决，最终放弃了在ERP系统实施和供应链流程整合方面的规划。
- 一家大型制造商由于即将上任的CEO不认可既定流程改革方式，最终放弃已经开始的改革，转而采用这位CEO在之前公司实践的渐进式改进技术。

由上述案例可以看出，高层管理者的决策会对企业流程改革产生重要影响，而缺乏远见、缺乏对端到端流程改革意义的深刻理解、缺乏坚定的改革信念、不善于排除改革中遇到的种种阻碍等，都不利于企业流程改革的推进，甚至可能导致企业错过最佳发展机遇。然而，领导力缺失在企业高层管理群体中并不罕见。

可以说，流程改革是对企业管理者领导能力的真正考验，它对领导者提出了较高的要求。基于流程改革的特性，改革必然会影响一部分人的既得利益，因此不可避免地会引起非议或遭到反对，尤其是一些管理者（如部门负责人）往往愿意固守旧有的工作方式。如果领导者不及时干预，改革终将走向失败。

至于改革型领导究竟需要具备怎样的领导素质，从现有的诸多案例中，我们可以总结出一些经验，例如，能够推动流程变革的领导者需要合理规划改革步骤、具有强有力的执行能力、能够果断地决策与行动、勇于突破自身界限接受新事物新模式等。而且，一个能真正意识到流程改革重要性的领导者，一定会寻找时机和方法，努力推进改革。

5.3.2　构建流程型组织文化与价值观

良好的企业文化能够营造有利于流程改革顺利推进的环境，其中，有 5 种价值观是必不可少的，具体如图 5-5 所示。

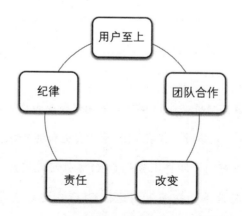

图 5-5　流程型组织需要遵循的 5 种价值观

（1）用户至上

在企业的业务运行过程中，许多一线执行者由于并不直接对接用户，因此不能深入了解用户需求，也难以意识到其工作会给用户带来什么样的影响。

而以端到端为导向的流程则融入了用户至上原则，员工在遵循流程开展工作的同时，可以明确意识到其工作内容与用户之间的紧密联系，从而以用户需求为导向改进工作方式，创造出更大的价值。另外，从制度层面上辅之以绩效奖惩机制，可以鼓励员工努力提高服务质量以满足用户需求。因此，以用户为中心的流程文化要素有利于改善企业形象，积累用户并拓展市场。

（2）团队合作

默契的团队合作是企业达成规划目标的必备条件之一。而作为领导者，有必要帮助员工深刻认识到自身工作与公司整体发展计划的联系，即个体工作内容是整体规划的一部分。如果这种观念能够得到员工的普遍认同，则有助于加强同事之间、部门之间、各业务线之间的理解与合作，促进同一流程或群体内员工的融洽相处，并避免对彼此的工作造成阻碍，从而有助于发挥团队合力，共同促进企业目标的达成。

（3）改变

流程改革可能会带来巨大的变化，部分对于流程改革缺乏深入了解和正确认知的员工则难以在短期内适应这种变化，从而进一步产生对改革的抵触情绪。因此，企业需要营造相应的流程文化氛围，提高员工对流程变革的认可度，使其积极地拥抱变化并快速地适应新环境，最终在变化中得到锻炼与成长。

（4）责任

在传统的流程管理架构中，容易出现个人或部门间相互推卸责任的情况。例如，当企业未达成预期目标或出现事故时，当事人可能会将失败原因归咎于用户、流程、部门领导或其他部门，拒绝承认自己的失误，这是责任意识淡薄的表现。因此，在新构建的流程文化中，必须对这一情况采取零容忍的态度，同时引导员工关注用户需求和执行结果，并鼓励集体共同承担责任。

（5）纪律

以纪律要求规范员工行为和业务活动，是流程文化中的重要方面，每个员工都应该遵守在具体环节上的流程要求。流程设计的目标即确保员工在正确的时间运用正确的信息执行正确的任务，而不是规范执行任务的所有细节。因此，企业应该设计合理的、贴合业务需求、可执行的流程方案，促进员工共同协作达成目标，而不是依靠单个员工竭尽全力达成期望结果。

总之，企业在流程改革中要重视企业文化的作用，鼓励员工以用户需求为导向，提高团队内部和团队之间的协同能力，积极融入改革环境中，培养责任意识，遵循相应的流程纪律要求。但实际上，目前许多企业都不能做到这一点，比如：企业文化"倡导"以上级领导为导向开展业务，而忽略了用户需求；管理层更多地倾向于对有能力、有潜力的员工的培养，而不注重团队内的协同；部分员工由于各种因素抵制变化、逃避责任或轻视纪律要求。这样的文化氛围不利于企业的长远发展。因此，领导者需要思考如何构建"流程友好"的文化氛围。

5.3.3 领导者推动流程变革的措施

领导力源自领导者在长期管理实践活动中积累的经验。每个领导者都有自己的行事风格，但能够成功推动改革的领导者所具备的个人素质具有共通性，领导者需要将这些优势融入流程改革中，并根据企业实际需求进行相应调整。

（1）培训与教育

培训与教育是企业顺利实现由传统层级和部门导向的文化向流程导向文化转变的重要途径。通过教育，领导者可以将自己的流程改革构想、愿景及具体实现方法传达到相关参与者，获得普遍理解与认同。其中，首要任务是培养流程改革的领导者，具体方法可以是通过讲座、研讨会等形式为高级管理人员开设专业性的培训课程。通过课程学习，高级管理人员需要充分了解企业领导的流程改革意图，明确其举措对企业发展的重要意义，并学习相应的流程改革语言，能够清晰、明确地向管理团队宣导，使普通员工产生迎接改革的心理预期。

流程改革的领导团队组建完成后，流程领导者则需要转变身份，成为宣讲流程改革的老师，使流程改革活动继续推进。而流程改革方案的策划者（或最高领导者）可以继续承担教学责任，也可以作为课堂的"巡场"，确保改革思路的正确传达，并通过一定程度的互动参与，强调领导者自身的支持及改革的重要性。

流程领导者可以通过具体实践的方式达成教学目的，比如选取某些环节或业务小组作为测试样本，在一段时期内试行既有流程改革方案。并将改革前后的数据进行对比，从而强化员工对改革的理解与认同。同时，流程领导者可以通过组内讨论等形式对改革进行评估，结合员工的反馈意见，可以采集到一些有价值的改革思路。

（2）树立榜样

树立榜样可以对流程改革起到关键性的推动作用。把握改革方向的领导团队更应该以实际行动作出表率，为员工树立流程改革的榜样。

比如，在业务运行过程中出现失误或事故时，领导者应该关注事故本身，如发生原因、如何避免等，并将注意力放在改进引起事故的错误流程上。这样，可以引导员工在工作过程中采取力所能及的措施，完善工作方法，避免事故再次发生。由此，领导者为员工树立了正确应对并处理事故的榜样。再比如，如果企业领导者能够定期处理用户投诉，依据正规的处理流程让用户投诉的问题得到顺利解决，那么也可以在工作方法、客服沟通等方面为员工树立榜样。

（3）积极实践

在社会心理学领域，有一个受到研究者们广泛探讨的话题，即"行为的改变往往先于态度和感觉的改变"。这一观点在企业流程改革和企业管理中同样有着普适性。具体来说，如果企业准备推行流程改革，那么领导者需要在确定流程方案后立刻开始行动，将相关改革计划付诸实践。

比如，新的以团队合作为基础的流程实施以后，员工将"被迫"适应团队合作的新模式，如果合作成功，将大大增加员工对流程改革的信心，并充分认识到团结协作的重要性；再比如，新流程中要求一线员工参与决策，员工在参与决策后往往会增强责任意识。因此，流程领导者需要具备较强的行动力，积极实践。

（4）维持成果

企业必须积极处理新流程实施带来的问题，并及时完善和改进相关流程，不能因为面临问题和遭受挫折而放弃改革。

例如，20世纪90年代中期的马修·桑顿健康保险公司（Matthew Thornton Health Plan）根据公司发展需要，针对用户服务流程进行了改革。改革之前，用户通过热线电话反馈问题后，需要等待公司对处理结果的回电。改革之后，接通电话的用户服务代表可以立即回答职能范围内的大部分问题，用户无须再等待。

新流程的推进如火如荼，但由于工作失误，一位服务代表向用户承诺公司将为其支付高昂的手术账单，这是一个不符合公司利益的承诺，但用户服务代表已经作出了承诺，如果拒绝支付，就违背了企业所推崇的流程纪律要求和所奉行的"用户至上"原则。最终，公司支付了账单。

虽然这一行为在短期内为公司带来了经济损失。但马修·桑顿健康保险公司并未停止新流程的运行，而是针对这一问题对用户代表进行重新培训，并进一步完善了相关流程。在后来的一年半时间里，融合了新价值体系的新流程得以顺利运行，公司规模持续扩大，获得了极为可观的经济效益。

5.3.4 建立明确的企业愿景

如果领导者仅仅通过宣导会、演讲和宣传卡片等来表达企业愿景，而不采取相应的手段和措施进行实践，那么改革目标只会被记录在会议记录、演讲视频、宣传栏中，而不能获得员工的真正理解与认同。这也是领导者奉行的价值观与企业真正秉承的价值观相背离的表现。

实际上，领导者应该首先关注相关改革计划的落实情况，而将明确表达组织的改革愿景这一行为作为必要的补充说明，这样才能使目标与愿景真正发挥作用。另外，在表达企业的改革目标的愿景时，应该注意选择一种清晰且简洁明了的表达方式，这样才有可能使倾听者印象深刻。

例如，阿什兰石油公司（Ashland Petroleum Company）的 CEO 曾用"阿什兰优先"（Ashland first）这一简洁的词语表达他的价值追求。其含义是：员工应该将公司的整体需求放在优先地位，其次才考虑业务单位利益或个人职业追求。这位 CEO 在传达愿景的同时，也为后续业务流程、奖励机制等变革做了铺垫。

以上几点可以说是对流程改革领导者的必然要求，同时，还需要结合企业实际发展情况和自身优势，推动流程改革的真正实现。在实践过程中，还可以参考以下细节：

- 站在不同人员的立场上思考：领导者可以站在不同人员的角度思考用户需要什么、企业在发展中需要什么、公司员工进行业务活动需要什么等。同时考虑自己可以采取哪些措施，以满足不同对象的需求。
- 承担风险：流程改革带来的风险是多样的，如人才流失、经济损失、业务漏洞等，领导者需要做好充分的心理准备，不能因为遭受阻碍而停滞不前。
- 保持积极、开放、学习的心态：领导者的个人想法并不一定是最准确、完善的，因此需要倾听或征求他人的意见，弥补决策和规划方案中的不足。

- 共享荣誉：流程改革的成果是各个团队、部门共同参与协作实现的，所获荣誉自然属于集体，而领导者需要时刻保持危机意识，不能被暂时的荣誉蒙蔽了双眼。

在推进流程改革的同时，企业也需要改革管理体系，使其适应工作方式的变化。管理体系必须明确强调和支持领导者所倡导的愿景，具体措施包括优化调整绩效评价体系、构建差异化的奖励机制等，以对员工的工作状态进行正向引导。

例如，美国一家食品公司对职能部门管理者的奖金发放制度进行调整，使其80%的奖金发放指标与公司利润挂钩，剩下的20%则是部门管理者们参与流程改进计划所获成果的体现，而不再将部门生产目标完成情况作为主要评估维度。这样，就将销售和营销团队、职能部门及其管理者"放在了一条船上"，以公司利润为导向，鼓励员工及职能部门经理发挥各自优势，为公司创造更大的价值，让公司这条船行驶得更远。

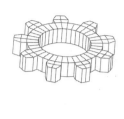
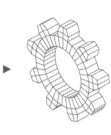
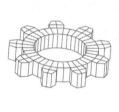

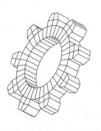

第6章 变革实践

6.1 流程规划：基于流程的 IT 动态规划

6.1.1 流程 IT 规划：企业信息化的基础

流程是 IT 规划中最为关键的管理要素之一，除此之外，IT 规划还与业务战略、信息技术、绩效、数据等多项管理要素相关。近年来，我国的企业发展十分迅猛，但却存在内部控制不足、基础管理较差的缺陷，因此这些企业需要积极把握 IT 规划的时机梳理流程，并根据自身所处行业的发展情况以及自身的发展现状对当前的业务流程进行优化、对运作方式进行调整，进而推动企业的信息化转型。

现阶段，我国大多数企业都已经对流程有了一定了解，部分企业还积极开展业务流程重组和业务流程优化工作，力图通过对流程的优化来为企业发展提供助力。不仅如此，税务机构、工商行政管理单位、土地管理部门等政府机构的服务意识也越来越强，正在积极通过简化办事流程的方式来提高服务效率，并优化服务流程，进一步提升服务水平。

与此同时，我国有大量企业也在正加快推进信息化建设，开始广泛使用财务系统、分销系统、办公自动化系统、物资需求计划系统、计算机辅助设计（Computer Aided Design，CAD）系统和产品数据管理（Product Data Management，PDM）系统等多种先进的信息化系统。此外，我国各地的政府部门也在大力推进电子政务快速发展，力图通过信息化建设来提高行政效率，就目前来看，我国已有部分行业在信息化建设中取得了一定的成效。

在推动流程优化和信息化建设的过程中，流程与 IT 之间存在着十分紧密的联系。为了降低人力成本，提高计算机的工作效率，企业应在加强信息技术应用的前提下借助信息技术的力量进一步优化业务流程，并充分发挥 IT 应用的作用，提高计算机作业的先进性，避免出现做无用功的情况。

而流程和制度的落地实施，还需要明确相关标准，提高流程的规范化程度。对企业来说，既要加大对流程和制度落地的支持力度，也要为流程和制度在实际工作汇总中的应用提供信息系统等辅助工具，并营造规范化作业的氛围，培养企业员工遵守制度的习惯，确保流程规范化改革效果的持续性。

流程与 IT 之间联系密切，且具有多种多样的融合方式。从 ERP 实施的不同阶段来看，开始实施 ERP 之前，企业通常会通过业务流程重组的方式来完成组织设计、配套设计和流程设计工作，并在此基础上推动全新管理方案的落地；实施 ERP 之后，企业通常会分析和优化当前流程，并针对 ERP 产品制定相应的解决方案。这两种流程与 IT 结合的方式曾经被广泛应用于实施 ERP 的企业当中，就目前来看，这两种方式的市场前景也仍旧十分广阔。

6.1.2　企业 IT 流程规划的战略价值

流程对 IT 规划的驱动作用主要体现在理论和技术层面，一方面，企业可以通过在流程中融合企业架构管理（Enterprise Architecture Management，EAM）思想的方式来围绕业务流程构建企业架构体系，并不断加强对该架构体系的研究，进而达到企业的信息化建设目标，实现 IT 规划；另一方面，企业可以利用面向过程的 ARIS 模型来管理企业流程，进而实现以模型化的方式制定 IT 战略、组建企业组织、搭建 IT 基础架构、明确 IT 管理过程，不仅如此，企业还可以进一步加强对模型关系的探索和研究，进而实现 IT 的动态有效规划。

对企业来说，将流程作为 IT 规划的驱动力主要有以下几项优势。

（1）引进先进企业架构管理的思想

1987 年，约翰·扎科曼（John Zachman）创立了 Zachman 框架，这是一个能够为信息技术企业提供可理解的信息表述的逻辑架构，也是全世界首个企业架构理论。扎科曼认为，信息系统架构对企业来说是不可或缺的。随着扎科曼的企业架构理论不断发展，越来越多的企业开始将其作为理解和表述信息基础设施的模型，并利用该模型来为企业建设信息基础设施提供助力。

扎科曼认为，企业流程并不仅仅是一连串的步骤或环节，而是具有多视角、多维度特点且集合了多种管理规则的企业架构，当企业使用或管理企业流程时，需要从不同角色的角度出发，综合分析各个角色的观点。

企业是一种以具有可识别、互相作用等特点的业务功能为重要组成部分、以营利为主要目的、以提供产品或服务为营利方式、以利益最大化为使命的组织单元。企业是市场经济的主要参与者，能够作为一个经济实体独立运作，由此可见，当企业中的某一部门实现独立运作时，那么该部门也可以被看作一个企业。这些可以被看作企业的部门也可被称作扩展企业，也就是说，企业架构框架不仅能体现出企业内部关系，还可以将企业与供应商、企业与用户、企业与合作伙伴等企业外部关系包含在内。

架构与企业的经营战略和信息需求密切相关，是由企业发展所必需的原则、方针、政策、模型、标准和流程等各项因素共同构成的整体框架，能够以企业的未来发展需求和趋势为依据，辅助企业完成设计和选择解决方案等工作，并有效推动解决方案落地，为企业实现发展目标提供助力。

企业架构主要由基础设施架构、应用软件架构、业务流程架构和信息数据架构四部分组成。其中：

- 底层的基础设施架构主要包括物资设施、网络和硬件设施，其不仅能够在设备方面为企业的管理和发展提供强有力的支撑，还能在数据存储、信息交换、信息安全等方面发挥作用，为信息数据架构提供服务，确保其稳定运行。
- 应用软件架构主要由企业资源计划系统、办公自动化系统等应用软件和支持信息数据架构的操作系统构成，能够充分利用各项信息数据，实现IT功能，进而满足各项业务在IT功能方面的需求。

- 业务流程架构是企业中各项业务落地的关键，具有重要性高、管理难度大等特点。
- 信息数据架构具有数据保护作用，能够有效保护企业推进各项业务所需的数据信息。

（2）满足企业战略变化的需求

对企业来说，在制定企业战略时应充分考虑行业当前的发展情况和未来的发展趋势，并深入分析时代发展特点、企业业务的变化情况等多方面的因素，以便确保企业以较高的效率稳定运行。近年来，大量企业开始不断进行扩张和重组，发展速度大幅提升，但由于大多数企业的 IT 规划都具有阶段性的特点，因此当企业业务、组织架构等方面出现变化时，企业的 IT 往往难以及时满足企业的发展需求，进而限制企业的发展。

企业应该在企业架构管理理论的基础上合理运用 ARIS 流程管理工具以模型化的方式对企业的业务流程进行管理，从而通过业务模型、应用架构模型、基础架构模型和 IT 资产模型来及时感知和适应企业战略变化，为实现 IT 动态有效规划提供支持。

6.1.3 流程 IT 规划的具体实施

IT 既能够有效规范企业管理，提高企业运营效率，也能强化企业的核心竞争力。对企业来说，在 IT 规划方面应促进业务与 IT 规划的融合，充分发挥企业战略对业务以及业务对 IT 的驱动作用，并加强对规划内容的组合分析，制定切实可行的路线图、规划和实施计划。

企业可能会面临业务现状与 IT 现状匹配度过低的情况，导致 IT 能力难以满足业务需求，业务现状也难以达到企业战略目标的要求，同时企业在业务分析的过程中对 IT 的需求也会持续增加并不断更新，进而驱动企业做好 IT 规划。

由此可见，IT现状分析也是IT规划的重要组成部分，企业可以通过对应用、组织、规范、资源等多个方面的分析来判断自身在信息化方面的能力，同时企业要预先在市场中获取足够的业务，制定行之有效的IT战略，进而以战略为中心对市场中的用户进行划分，并对不同的用户群体进行排序，以便高效制订具体实施计划，加速计划落地。

一项较为完善的IT规划应涵盖与其所属行业信息化相关的方方面面，如IT应用系统规划、IT基础设施规划、网络规划、人力资源规划、IT管理过程规划等。具体来说，规划能够带来IT资产需求，而IT产品和IT项目规划能够满足IT资产需求，因此企业在推进信息化建设的过程中应将业务和信息架构作为IT规划的主要内容，将应用架构作为技术和平台架构的重要驱动力，将流程作为IT规划的重要驱动力，逐步完成IT规划，进而达到实现信息化建设的目的。

随着我国企业对信息化建设的重视程度不断提高，许多企业逐渐开始重视以流程分析和优化为基础的IT规划。具体来说，我国有越来越多的企业开始展开流程规划工作，并以全新的组织设计为依据制定未来发展规划、IT规划实施计划和企业运维策略，在实际管理过程中，这些企业还会根据实际情况对各项计划和策略进行优化调整，进而实现高质量的信息化建设。流程IT规划的具体实施如图6-1所示。

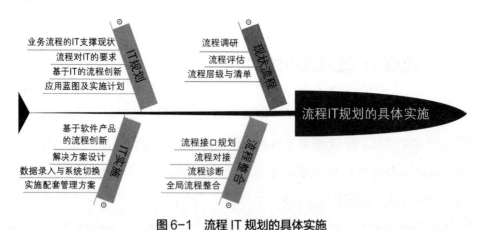

图6-1　流程IT规划的具体实施

如图6-1所示，IT规划离不开对业务流程的调研和分析，因此企业在进行IT规划时会从流程梳理、流程分析和流程优化入手，先采集、整理并分析大量流程相关信息,再据此生成全局业务流程现状图,最终在IT的基础上实现对流程的创新。而且,信息系统的落地和流程优化之间存在十分密切的联系,且二者能够互相影响、互相促进。具体来说,流程优化能够为信息系统筑牢落地应用的基础,信息系统的落地也有助于企业及时把握流程优化的机会,从而促进流程变革。

在实际操作方面,业务流程调研、业务流程分析等IT规划的前期准备工作和流程优化等IT/IS系统落地的前期准备工作都可以利用IT规划项目来完成。

6.1.4 基于流程的IT动态规划方法

IT规划可以通过流程梳理、流程汇总、流程整合和流程分析的方式来探索出IT的应用价值,并确立IT应用的发展目标。

(1)流程的汇总与补遗

在流程名、支持系统、简单流程图、主要过程文档等业务流程相关信息的采集方面,访谈、管理文件收集、业务流程调查问卷等都是企业常用的信息采集方式,在具体操作过程中,企业的IT规划人员应与各个业务部门的相关人员进行交流和沟通,并全面检查、分析已有流程,与业务部门共同完成流程补遗工作。

具体来说,针对宏观层面上的流程补遗,企业通常利用完备性检查法来找出业务流程中的不足之处;针对微观层面上的流程补遗,企业通常会借助逻辑性分析法来判断业务流程中是否存在缺陷。

(2)流程的对接与整合

从流程梳理各项工作的顺序来看,企业要先在各个部门对接流程,再逐步解决流程对接过程中的各项问题;从各个业务流程之间的关系来看,仅连接一个工作节点的流程是串行流程,其他连接多个工作节点的流程称为并行流程。

以项目设计为例,设计、校对、审核等多个环节共同构成了一个串行流程;但流程中的任务分配环节往往连接着多个工作节点,需要向多方人员分配工作任务，因此任务分配的流程就是并行流程。串行流程或并行流程并不会孤立地存在于一个业务流程当中，一般来说，一个业务流程中既有只连接一个工作节点的串行流程，也有同时连接多个工作节点的并行流程，串行流程和并行流程会分布在业务流程的不同阶段当中。由此可见，企业在进行流程对接时将会面临流程节点相关的问题，既要顺利对接整合串行流程，也要处理好并行流程的对接整合问题。

企业在IT规划中可以通过价值链分析的方式来生成全局业务流程图。具体来说，企业要深入了解和分析当前所有的业务流程，并生成以业务流程分析结果为依据的全局业务流程图，以便通过流程图来展示市场策划、研究开发等各个具体的业务领域，进而实现全局流程互通，建立起具有整体性特点的业务流程体系。

（3）流程与应用蓝图的匹配

在业务流程总图的基础上，企业可以进一步评价当前的各项应用、确立未来的应用目标、制订未来应用计划。在当前的业务流程中，应用系统和应用工具能够为一部分节点的活动提供有效支撑，但也仍旧存在缺乏应用系统和应用工具的支撑而需要人工处理的节点活动，因此，企业在确立未来应用目标和制订未来应用计划时，需要将这部分节点的活动考虑在内，并在未来的规划中体现出对这部分节点活动的支持。

6.2 流程挖掘：财务数字化转型的底座

6.2.1 财务数字化转型面临的挑战

财务部门是在企业中负责财务管理工作的职能部门，需要帮助企业处理各项财务数据。财务数字化转型是企业实现数字化转型的重要环节之一，能够通过流程优化、技术应用、组织重构和模式创新等多种方式驱动企业的财务部门快速发展，进而大幅提高企业的财务管理效能。

对具有多元业态、业务分布范围广的企业来说，传统的财务管理方法难以达到其在财务集约管理、风险精益化管理和数据统筹管理方面的要求，也无法通过整合企业在各个方面的优势来帮助企业提升核心竞争力。具体来说，财务数字化转型面临的困难主要体现在以下几个方面，如图6-2所示。

图6-2　财务数字化转型面临的困难

（1）业财融合存在困难

随着产业的进一步升级，企业对财务管理的要求越来越高，财务管理与业务发展之间的联系日益密切。目前，越来越多的企业开始建设和使用财务共享中心，这为财务的创新和数字化转型奠定了基础。

但也有许多企业存在数据壁垒、数据口径未统一、数据缺乏统一的识别标签等问题，这些问题既限制了业务与财务之间的数据交流和系统与系统之间的数据交流，也不利于企业的财务部门识别数据之间的关联性和逻辑性，在很大程度上对企业挖掘数据价值造成了阻碍。

（2）财务数据具有局限性

前端的数据在向财务系统传递的过程中会损失业务过程数据、流程数据等有助于企业经营决策的信息，这会导致数据的价值大打折扣，企业使用这种价值较低的财务数据进行决策将无法确保决策的精准性和有效性。不仅如此，财务数据方面的不足还会限制企业在多元化、跨区域经营的业务活动中的动态预测能力以及对企业经营决策的整体洞察力，不利于企业做出精准高效的经营决策。

（3）风险管控难度加大

一方面，由于企业将财务管控后置，仅借助财务报表中的数据进行风险预警，难以依据业务过程数据实现对经营风险的动态监测，导致企业在风险预警方面存在时效性低、全面性不足等问题，难以及时发现风险，解决问题；另一方面，随着企业的经营活动越来越丰富，财务管理内外部环境日益复杂，财务舞弊的手法也在不断进化，这就导致财务审核和风险管理系统难以实现有效定位问题所在。

除此之外，对具有海外业务的企业来说，系统和时区等方面的差异也为企业的风险管控带来了困难，企业需要进一步加强技术和流程对风险管控的支撑作用。

（4）新组织架构无法有效协同

企业战略转型、精细化管理、产业结构优化和风险管控等举措推动了企业内部职能的转变，对财务管理部门来说，战略财务、共享财务和业务财务均形成了新的组织架构，财务管理人员的职能也越来越明确、越来越具体。

与此同时，企业内部职能的转变也影响了企业的业务流程，促进了协同合作，加快了企业实现业财融合的速度，大幅提高了企业的财务管控效率和水平，避免了出现自动计算冗余数据的情况，有效驱动了战略财务、业务财务、共享财务快速落地，进而提高企业财务职能转型的速度。

（5）运营缺乏敏捷性和连续性

弹性和灵活性较高的企业运营模式有助于企业快速化解业务运营方面的难题。企业外部环境的变化为企业运营带来了困难，因此企业需要探索控制成本支出、优化业务流程的有效方法，探索新的工作模式和业务模式，提高企业运营的灵活性，确保自身能够在复杂多变的环境中快速应对各类突发事件。由此可见，企业应大力推进财务数字化转型工作，提高自身的财务运营能力，并不断加快实现数字化转型目标的步伐。

6.2.2 财务数字化转型的两大关键

企业的数字化转型要从构建数据驱动的财务运营体系入手，同时也要不断提高数据的标准化程度，因此企业应积极思考该运营体系的构建方法，制定行之有效的体系建设方案，并不断加快方案的落地速度。从各行各业的财务数字化转型实践来看，以下两项措施是企业实现财务数字化转型的关键，如图 6-3 所示。

图 6-3　财务数字化转型的两大关键

（1）组织及流程的变革

现阶段，部分企业通过进行财务信息化顶层设计和构建财务共享中心等方式来推动财务运营体系的转型，完成转型的财务运营体系将会以数据为驱动力进一步促进财务管理与业务发展的融合。不仅如此，企业还会在财务组织架构转型的前提下进行流程再造，通过对流程的革新将处于业务端的财务数据采集和财务数据赋能前置，进而提高财务数据管理和赋能的时效性，实现对财务和业务的动态管理。

企业在推进流程再造时应预先确保各项制度、标准和规范的一致性，如用于数据交流的信息系统、用于财务管控和服务的组织编码和术语、会计科目和核算规则一致的业务标准、权责界限和相关规范明确的制度体系等，同时企业也要提高端到端流程的自动化程度，实现人机高度协同，进而达到优化用户服务体验的目的。

（2）搭建智能财务平台

为了确保财务业务运营和优化的全面性、安全性、可视化，企业需要搭建具有业务报账、共享运营、数据价值挖掘等多种功能的智能化财务信息共享平台，促进财务数据的全方位融合和共享。

以中国平安保险（集团）股份有限公司（简称"平安保险"）为例，其通过构建智能化的财务信息共享平台和提升各项相关应用的灵活性实现了企业经营利润的持续上升，同时也确保了业务在疫情时期也能不间断地持续运营。

具体来说，平安保险在2017~2020年期间已建成智慧财务体系，同时也找出了全价值链条端到端流程当中的断点，不再对业务和财务进行人工干预，实现了对整个流程的全方位优化。不仅如此，平安保险还能够利用100多个数据模型同时处理5亿多条数据，这大幅提高了固定报表的处理效率、固定报表处理的自动化程度、数据加工的自动化程度、固定报表的定制能力，充分发挥出数据的驱动作用，成功实现了财务数字化转型。

6.2.3 流程挖掘的工作原理与优势

现阶段，企业财务对大数据、人工智能等数字化、智能化、自动化技术的应用已经越来越广泛，这些技术的应用也有效促进了企业的发展。Gartner公司发布的《2021年财务主管首要任务》中指出，创新数字化技术的应用正全面渗透进财务部门和组织架构中，企业应推动所有可以自动化的业务流程实现自动化。

具体来说，人工智能和 IPA 在财务领域的应用能够大幅提高企业的业务效率，但同时企业也要加大对流程挖掘的投资，以便通过 IPA 技术的应用来获取更高的效益。

超级自动化是由流程挖掘、低代码、人工智能等多种技术组成的技术架构。其中，流程挖掘是一种融合了机器学习、跨数据挖掘、过程建模与分析等多个领域的知识和技术的数据挖掘技术，能够采集办公自动化系统和企业资源计划系统等信息系统中的数据，并利用这些数据构建流程模型，进而实现对流程态势的精准感知。

不仅如此，流程挖掘还能够为企业提供流程行为的全面审查、流程图的可视化呈现、流程分析角度的丰富、流程运营趋势的预测、流程优化切入点的明确、流程与数据的有效连接、流程与模型之间偏差的处理等服务。

流程挖掘能够从信息系统中发现业务流程的相关信息，并从中获取有价值的信息。例如，流程挖掘可以发现流程在性能方面的缺陷、自动理清端到端流程的控制流结构、分析实际流程与预测流程之间的不同之处，为企业的流程理解和流程优化提供支撑。

流程挖掘在技术层面为企业治理和应用数据资产提供了支持，有助于企业充分发挥流程中数据资产的价值，实现对运营流程的优化。具体来说，流程挖掘可以通过对业务日志的监测、对复杂事件的处理、对业绩的监测等方式来掌握业务的运行现状，优化业务路径，衡量组织效能。由此可见，流程挖掘在财务领域的应用有效加强了数据挖掘和业务管理之间的联系，同时也有助于商业智能技术实现快速发展。

6.2.4 流程挖掘技术在财务领域的应用

流程挖掘是财务从业务驱动转向数据驱动的主要抓手。流程挖掘能够帮助企业获取财务流程的事件日志和业务流程的事件日志中的信息数据，进而分别从财务和流程两个角度为企业进行业务数据分析提供助力，加快企业实现业财融合的速度。与此同时，流程挖掘还可以通过流程追溯的方式来帮助企业提升运营效率。

具体来说，流程挖掘在财务领域的应用场景主要包括以下几种，如图6-4所示。

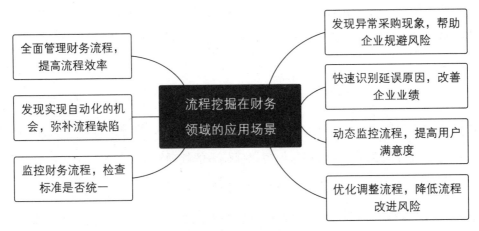

图6-4　流程挖掘在财务领域的应用场景

（1）全面管理财务流程，提高流程效率

流程挖掘可以在生成应付账款（Accounts Payable，AP）、应收账款（Account Receivable，AR）等多种财务流程的过程中发挥作用，提高流程执行过程的可视化程度，并发现整个财务流程中的缺陷。不仅如此，流程挖掘还可以为企业提高流程整体效率提供有效的方法指导，以费用报销为例，企业可以借助流程挖掘来掌握报销的平均时间，以便找出影响报销效率的关键问题并对其进行优化。

（2）发现实现自动化的机会，弥补流程缺陷

企业可以通过流程挖掘的方式找出能够借助自动化来创造更高效益的流程。流程挖掘能够为企业的财务部门提供推进交易自动化的机会，具体来说，企业可

以利用 RPA 等自动化解决方案来弥补流程中的缺陷，纠正流程中的错误，消除人工干预，实现对从采购到付款全流程的优化。

（3）监控财务流程，检查标准是否统一

企业的财务部门可以借助流程挖掘来对流程进行监控，并精准记录流程改进的超时情况，为流程审计工作打牢基础。除此之外，企业的财务部门还可以借助流程挖掘来检查各项相关制度、标准和规范是否统一，并通过比较分析的方式找出存在差异的根本原因。

（4）发现异常采购现象，帮助企业规避风险

流程挖掘既能在发现异常采购现象的同时向企业的采购部门发送预警信息并探究问题原因，也有助于优化收据生成、采购订单与合同匹配等流程，进而达到帮助企业规避风险的目的。

（5）快速识别延误原因，改善企业业绩

企业可以通过流程挖掘找出发票错误、用户资金不足等导致流程延误的根本原因，以便及时对造成流程不能如期推进的各类问题进行处理，最大限度地消除额外的成本支出，同时以激励的方式调动用户付款的积极性，进而达到提升业绩的目的。

（6）动态监控流程，提高用户满意度

企业可以借助流程挖掘来实现对整个业务流程的实时动态监控，以便进一步优化流程，并为财务共享中心提供通话时间、问题模式、业务绩效等业务执行过程相关信息，让财务部门可以及时了解用户情况，并通过数据分析等方式对运营方式进行调整，进而达到优化用户体验并提升用户满意度的目的。

（7）优化调整流程，降低流程改进风险

企业可以通过流程挖掘来实现对流程的持续监控和优化调整，并为财务部门

改进系统流程提供数据层面的支撑，进而达到降低流程改进风险的目的。

近年来，流程挖掘在财务领域的应用日渐增多，随着相关技术的进步和企业数字化转型进程的加快，流程挖掘在财务领域的各个场景中的应用也将越来越广泛和深入，跨系统的数据采集、数据建模等数字技术手段会在财务领域发挥重要作用，端到端的业务流程的可视化程度也将进一步提高，进而为企业的业务决策提供有效指导和数据层面的支持，确保各项决策的合理性和有效性。

在财务数字化转型过程中，企业应积极构建战略财务、业务财务和共享财务"三位一体"的财务管控体系，大力推进业财融合，并不断提高数字化技术在财务领域的落地速度。具体来说，一方面，企业应充分利用数据要素，发挥数据要素在提高财务转型价值环节中的作用，进一步提高自身的数据分析能力和数据预测能力，并利用数据要素来为企业的业务决策提供支撑，进而充分发挥出智慧财务体系的价值；另一方面，企业应该在业务和内部控制合规管理中充分落实数据洞察成果，提升数据的价值，并借助流程挖掘来实现人的流程与数字化流程之间的协同作用，进而达到提高流程效率和效益的目的。

由此可见，传统企业若要实现数字化转型，还需综合运用流程挖掘、人工智能等多种先进技术，提高各项工作的自动化程度和各项业务流程的自动化水平。

6.3 企业流程梳理与优化的实战技巧

6.3.1 业务流程梳理的主要步骤

企业在推进信息化建设的过程中需要先对流程进行梳理、重组和优化，其中流程梳理是企业信息化建设的重点。具体来说，流程梳理就是以企业内外部的各项要素为中心分析和归纳企业当前的业务特点和管理情况，帮助企业找出信息化管理的重点，并确定实现信息化管理需要解决的问题、问题的解决方式与解决程度等内容。

不同企业的实际情况和工作重点等均存在许多不同之处，因此在流程梳理方面，各行各业均未制定统一的标准和模式。当我们对已完成的各项流程梳理工作进行经验总结和归纳时可以发现，流程梳理主要包括以下几项工作：

（1）组建项目团队，制订项目计划

对企业的管理层来说，应向项目团队放权，在权力方面为项目团队顺利推进流程梳理工作提供支撑，避免因企业中不同群体间的利益变化和利益冲突影响项目落地。

（2）明确建设目标，开展全方位流程调研

明确目标有助于企业确立工作方向，因此企业需要在明确信息化建设目标的前提下有针对性地推进流程梳理工作。在流程调研环节，企业应深入了解当前已有的流程和运营模式，全面掌握显性流程要素和隐性流程要素，并据此归纳出自身的流程准则。

流程调研能够通过对企业进行全面深入的分析来找出业务流程的不足之处，以便及时对流程进行调整和优化，但如果企业仅安排内部人员来进行流程调研，那么最终可能难以确保调研结果的客观性和公正性，因此企业需要在合理安排熟悉业务的内部人员的基础上，再邀请专业的第三方咨询公司参与到流程调研工作中，让第三方咨询公司从外部人员的角度对业务流程进行调研，进而提高流程调研质量，优化流程调研效果。

（3）重构业务流程，打造信息化新流程

企业在信息化建设的过程中，应确保流程图的完整性和各项流程在部门、人员、表单等方面的准确性，并针对各个流程制定具体的工作标准，确定各个流程的控制点。与此同时，企业各相关部门还应围绕新流程进行商讨，并根据商讨结果进一步对其进行调整，进而为新流程落地提供助力。

（4）跟踪与评估流程，适时调整流程

流程梳理是一项长期工作，企业应对流程进行持续跟踪，并定期评估流程梳理后的达标情况，同时也要根据流程运作情况和实际评估结果对流程继续进行优化，从而充分发挥流程梳理的作用。

6.3.2　业务流程梳理的4大工具

现阶段，企业还未研究出能够有效应用于信息化建设的流程梳理工具，也并未掌握行之有效的流程梳理方法，但企业可以利用以下4个工具对企业的业务流程进行梳理，如图6-5所示。

图6-5　业务流程梳理的4大工具

（1）头脑风暴法和德尔菲法

企业可以召开关于流程改造的会议，并利用头脑风暴法来规划未来发展战略，分析行业发展趋势，构想未来发展愿景，找出流程中的缺陷。同时，头脑风暴法的使用也能为与会人员设计流程改造方案提供支持。

不仅如此，参与流程改造会议的工作人员也可以利用软件与其他与会人员进行匿名讨论，并以关键字搜索的方式查找与此次会议议题相关的解决方案等资料，针对各项流程改造方案进行分析和评价，发表自己的看法，提出相关的意见，进而帮助企业通过流程改造来把握发展机遇。

除此之外，企业也可以利用德尔菲法来判断自身制定的流程改造方案是否可行。具体来说：

- 企业要将设计好的流程改造方案交给信息系统专家进行分析，并根据各位专家的分析结果和反馈意见对当前的流程改造方案进行修改。
- 企业要将经过修改的流程改造方案再次交给专家进行分析，并综合考虑多位专家的意见对流程改造方案进行调整。
- 企业还要多次重复以上步骤，采集更多的专家意见，并不断优化流程改造方案，在最大程度上提高各位专家对该方案看法的一致性。对企业来说，借助德尔菲法来优化流程改造方案有助于降低风险，提高信息化战略的科学性和有效性。

（2）价值链分析法

在流程分析和流程选择环节，企业可以利用价值链分析法进行流程梳理。美国哈佛商学院教授迈克尔·波特（Michael E.Porter）提出，企业活动可分为两类，一类是采购物流、生产制造、发货物流、市场营销、售后服务等主要活动，另一类是高层管理、人事劳务、技术开发、后勤供应等辅助活动。

对企业来说，可以通过各项企业活动的活动链接和价值积累服务用户、创造价值，因此企业需要对现有业务进行分解，并对活动链条中的各项企业活动进行深入分析，全方位了解各项活动的实际价值，进而找出其中亟须改造的环节。以产品销售业务为例，企业可以对产品销售业务中的市场管理、广告投放和销售人员管理等活动进行深入分析，并对该活动的流程进行改造处理，进而达到帮助企业赢得成本优势的目的。

(3）作业成本分析法

作业成本分析法（Activities-Based Cost Method，ABC）是现代管理学中用于描述现有流程并对其进行成本分析的方法。具体来说，作业成本分析法与价值链分析法在现有业务分解和确定需要改造的活动等方面存在相似之处，但作业成本分析法对人工成本、资源消耗等方面的活动成本的分析更加深入和全面。

（4）标杆瞄准法

在确定流程改造目标和流程优化标准等方面，企业可以利用标杆瞄准法来学习和借鉴其他企业的成功经验，将这些企业作为流程改革的标杆，参考这些企业的部分指标来设立适用于自身的流程优化标准，并根据自身的实际情况适当地仿照标杆企业的做法来展开流程优化工作。

这些方法为企业推进流程梳理工作提供了有效支持，企业可以根据自身需求灵活运用这些方法来梳理和优化业务流程。流程梳理和流程优化能够为企业推进信息化建设提供助力，具体来说，企业可以通过流程梳理来理清各项业务的实际流程，进而提升企业运营效率；与此同时，企业也可以借助流程梳理和流程优化来为 IT 规划和选型决策提供支持。

6.3.3 流程优化的主要步骤与工具

企业在流程优化、推进信息化建设的过程中，应该从自身的实际情况出发，采用主要的步骤和工具来对各项业务的流程进行梳理和优化。

（1）流程优化的主要步骤

流程优化的过程可分为多个阶段，如现状描述、关键流程确认、结构优化、环节优化、推行流程等，如图 6-6 所示。

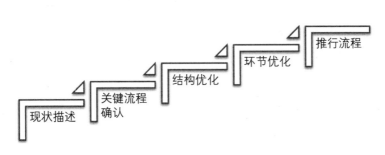

图6-6 流程优化的主要步骤

① 现状描述

在流程优化初期,企业需要对运营现状有全方位的把握,以便充分明确流程规范,提高各个流程的标准化和具体化程度,理清部门职责关系,提高部门之间的协调性,形成工作合力,为实现流程优化打牢基础。

② 关键流程确认

关键流程是企业开展各项业务的重点,也是各个子流程的中心和服务对象,因此企业在进行流程优化的过程中需要通过确认各个流程的业务模式、各个部门的流程图以及企业的流程总图的方式来找出关键流程。

③ 结构优化

进入信息化时代后,企业对控制点迁移和权限设置方面的要求越来越高,因此企业需要针对流程结构优化问题进行交流探讨,并进一步强化各个流程的衔接性,同时也要通过流程步骤的调整来提高工作效率,并重新设置流程的关键控制点,充分满足自身在控制点迁移方面的要求。

④ 环节优化

环节优化是指企业对流程内部的各个步骤的优化,目的是有效提高各流程的工作效率和控制能力。在推进环节优化工作的过程中,企业应根据不同的流程情况制定不同的优化方案。

⑤ 推行流程

在完成流程优化工作后,企业需要继续完成新流程的落地实施工作,具体来说，企业应加强与各相关部门之间的沟通交流，帮助各部门的人员了解和学习流程观念，以便获取企业内部的支持，加快流程的落地速度。

（2）流程优化的工具

现阶段，流程优化的工具主要包括以下几种：

- 六西格玛管理法：企业可以利用六西格玛管理中的流程改善工具DMAIC来分析和优化自身的内部控制流程。
- ESIA法：企业可以通过一边去除流程中的非增值活动、一边调整流程中的核心增值活动的方式来提高用户在价值链上的价值分配。
- ECRS法：企业可以通过生产流程优化的方式来去除流程中的各项不必要的工序，进而实现工作效率的提升。
- SDCA循环：企业可以通过提升所有与改进过程相关流程的标准化程度的方式来为流程的稳定运行提供保障，并借助检查来提高各个过程的精准度，进而达到稳定现有流程的目的。

从构成要素上来看，以上几种内部控制流程的优化方法均包含对需要优化的流程的界定、评价、分析和改进等环节。

6.3.4 企业内部控制流程的优化原则

在商业模式、核心技术等层面数字化转型的同时，企业也在积极革新管理模式，构建基于流程梳理的内部控制体系，固化流程优化成果，并进一步提高企业的管理能力和风险防控能力。

但企业的管理中也存在许多困难，如由于内外部经营环境变幻莫测，企业必须顺应经营环境的变化，及时优化内部控制标准流程，确保流程的有效性；初始工作的边界限制了企业当前已有流程在不同的业务中发挥作用，因此常常出现端到端流程全方位落实难、不同业务的颗粒度不一致、流程在信息系统中的固化程度不足、流程与制度之间缺乏有效衔接等问题。为了解决以上问题，企业需要积极开展内部控制流程优化工作。

下面我们首先分析企业内部控制流程的优化原则，如图6-7所示。

图6-7 企业内部控制流程的优化原则

（1）风险导向

内部控制流程优化能够帮助企业实现有效的内部风险防控。内部控制流程是企业实现有效的内部控制的基础，因此企业在推进内部控制流程优化工作时应以战略目标和经营目标为中心，从量化风险造成的影响和明确风险的种类、特点、危害因素、可能产生的后果入手，找准业务关键控制环节，并采取相应的风险防控手段，确保企业内部控制流程的有效性。

（2）提高效率

企业在开展内部控制流程时应预估该项工作落地的成本和效益，以便在最大限度上节约成本，提高效益。一般来说，内部控制流程的全面性和精细化程度与最终控制效果之间存在正相关的关系，但从复杂程度和实施成本方面来看，全面且精细的内部控制也远高于一般的内部控制，因此企业需要进一步优化内部控制流程的设计，提高设计的合理性，在充分保障控制效果的基础上进一步提高工作效率。

（3）流程唯一

在控制流程的设计环节，企业应注意既不能重复设计相同的控制措施，也不能遗漏某项控制措施；在内部控制活动设计环节，企业应注意以业务流程为参考内容来展开设计工作，并将各项交叉业务中的控制责任明确分派给单独的负责人，既不能出现多人共同负责同一交叉业务的情况，也不能出现某一交叉业务无人管控的情况。

（4）价值优化

价值链管理是企业管理的重要组成部分，因此企业应以价值管理为核心展开内控流程的设计工作。具体来说，企业需要利用战略、市场、研发、生产管理、人力、财务、物资、法律等价值活动将企业内外部的各个业务环节连接成价值链，并对该价值链进行价值管理，进而提高整个价值链的价值。

内部控制是指企业对各项价值活动的管理和控制，企业可以通过优化内部控制流程来实现对各项以价值为主要驱动力的活动的有效管控，进而达到加快目标实现速度和提高自身价值的目的。

（5）持续改进

企业的内部控制活动主要与以下三个方面有关，分别是企业组织架构、控制环境、业务活动流程。对企业来说，要加强对内部控制流程的后续建设的重视，根据自身的实际组织架构和控制环境的变化情况来梳理自身的内部控制流程，以便及时发现内部控制流程中存在的问题并进行优化调整，确保内部控制流程能够有效管控企业在运营过程中的各项活动。

如果企业在设计内部控制方案时只将业务活动作为参考因素，却并未认识到组织框架结构和控制环境对内部控制方案的重要性，那么企业将难以获得良好的内部控制效果；如果企业在设计内部控制流程的过程中赋予该流程固定性和封闭性的特点，那么当环境出现变化时，该内部控制流程将无法满足企业随着环境变化而改变的实际需求，企业内部将会出现内部控制无法为企业运营服务的情况。

6.3.5 企业内部控制流程的优化步骤

在企业内部控制流程优化的具体实践过程中，除了应遵循上文所述的基本原则外，还应该遵循相应的步骤，如图6-8所示。

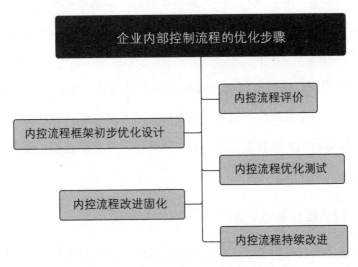

图6-8 企业内部控制流程的优化步骤

（1）内控流程评价

为了构建更加全面的风险体系，找出流程在设计和运行方面的不足之处，企业需要对内控流程进行评价。具体来说，内控流程评价的主要内容包括以下几项：

① 环境评价

评价内容主要包括业务流程上下游的调整情况和业务范围的变化情况。具体来说，企业对处于财务资金流程上游的收入业务流程的调整情况的评价、对企业经营范围扩张情况的评价、对基建工程与流程中的其他费用监控措施之间的关系的评价等都属于环境评价。

② 风险评价

评价内容主要包括当前政策、运营战略和信息披露等多个方面的风险情况。具体来说，当流程中的某一环节或某一方面的风险等级变化明显时，企业需要对流程的风险管控能力进行评价，判断其是否能够达到风险管控要求。

③ 控制缺陷评价

评价内容主要包括企业内外部检查时在流程中发现的缺陷。具体来说，对于检查时发现的业务问题，企业应评估业务流程，找出其中的不足之处。

④ 制度和信息系统评价

评价内容主要包括现行制度与内部控制措施的统一化程度和与现有信息系统的衔接程度。当企业现行的制度和现有的信息系统达不到信息加工要求时，企业需要找出业务规则和数据规则之间存在的问题，并对信息加工要求进行进一步明确。

（2）内控流程框架初步优化设计

为了构建全新的流程框架，企业需要在推进内部控制流程优化工作时预先对其进行初步的优化设计。

企业应该在明确内部流程优化范围的基础上，针对在内控流程评价环节中发现的流程在设计和运行方面的不足之处对具体的财务流程进行优化。具体来说，当某项业务的流程在设计方面存在不足之处时，企业应先对该流程的控制措施进行分析，充分掌握其在二级财务流程中的具体位置、与业务流程之间的衔接程度、三级财务流程中需要进行优化的部分等信息。

企业对内部控制流程进行优化后，新的流程中应包含流程名称、流程步骤、流程说明、责任部门、责任岗位、授权类型、相关文档、涉及系统、相关制度、控制点、控制频率、控制方式、控制目标、风险点描述等多项要素。

内容流程框架初步优化设计的方法主要包括个别访谈、调研问卷、专题讨论、穿行测试、实地查验、抽样和比较分析。

（3）内控流程优化测试

为了判断经过初步优化的内部控制流程是否有效，企业需要对新的流程进行测试。具体来说：

- 企业应以在初步优化设计环节确定的流程控制频率为依据来确定测试样本量，如发生频率较高的存货出入库业务的测试样本量一般为15个以上。
- 企业要使用一个样本来进行流程模拟，测试出该流程控制活动在流程控制标准方面的达标情况，并以此为依据来判断该控制活动是否有效。
- 企业还要准备大量样本进行测试，并在通过穿行测试的基础上将样本的测试情况明确记录到工作底稿当中。
- 企业要检查内部控制活动与其执行人员、过程、结果、频率、文档流转和文档保存等内容之间的协调性和统一性，并以样本测试的实际结果为依据来判断该控制活动的有效性。

（4）内控流程改进固化

为了进一步完善优化后的内部控制流程，企业需要对其进行改进和固化。

一方面，企业应该以优化测试的结果为依据来对内部控制流程要素内容进行完善，具体来说，当控制活动的实际情况与初步设定之间存在差别时，企业需要针对具体的差别对流程中的各要素进行调整；另一方面，企业应该以控制措施和岗位职责的改变为依据来推进内部文档精细化控制、信息系统优化、明确制度规范等工作，实现对内部控制流程的固化，具体来说，当流程对存货出入库的控制不断加强时，企业应进一步明确出入库单交接方面的职责、规范和要求。

（5）内控流程持续改进

企业应不断对内部控制流程进行评价，并按照从内控流程框架初步优化设计到内控流程优化测试再到内控流程改进固化的顺序对内部控制流程进行调整，进而实现对内部控制流程的持续优化。